另类广告学

樊志育 著

上海人民出版社

作者介绍

廣告名人堂

樊志育
出生：1923年
2008年台灣廣告名人堂

1964年7月进入刚成立三年的国华广告公司，是初期的高级干部之一。

1964年担任国华广告公司的撰文主任，负责新进人员的文案指导，也是台湾最早的创意总监之一，对广告写作风格及写作形式，有深远影响。

1966年9月和赖东明与公司同仁自掏腰包创刊《国华人》，由樊志育长期主编，不但是台湾近四十年来重要的广告刊物之一，更为早期的台湾广告发展史留下宝贵的史料。

1972年继刘会梁之后，接掌醒吾商专商业广告科第二任主任。自此开始广告教育生涯，长达30年之久。

1972年8月～1988年1月间，兼任文化大学新闻系、企管系及广告系教授及辅仁大学、铭传大学兼任教授，主授广告学、广告个案研究、广告效果测试和行销学等。

1974年8月～1999年6月间，曾任东吴大学企管系主任，向台湾“教育部”争取“改善广告教学设备”的专款，购置由他参与设计的节目分析仪（program analyzer）、瞬间显像器（Tachistoscope），首创台湾大学中非广告科系设置广告测试设备。在东吴大学企管系任教长达26年。

1975年8月从国华退休。

1980年3月～1980年9月，受空中商专聘任，在台湾中华电视台、教育广播电台及军中广播电台，主讲“广告知识”；讲授内容授权华视出版教材，首开台湾空中教学的广告学科。

特别值得一提的是，樊志育总共出版广告相关著作十七本，是20世纪七八十年代重要的广告参考论著与广告科系指定必读的教科书，包括：《广告学》（1970年）、《广播电视广告学》（1972年）、《广告设计学》（1973年）、《市场调查》（1976年）、《广告学新论》（1979年）、《广告知识》（1980年）、《市场学》（1981年）、《经营管理学》（1982年）、《企业概论》（1983年）、《广告效果研究》（1984年）、《店面广告学》（1987年）、《中外广告史》（1989年）、《广告学原理》（1992年）、《广告相关法规》（1992年）、《促销策略》（1994年）、《广告制作》（1996年）、《广告效果测定技术》（1998年）。这些书是许多广告从业人员的启蒙书，至今仍影响深远。

目　录

写在前边

世界在变，人类欲望在变，我们面临这个多变的世界，肩负广告传播重责大任的广告人，必须领先应变。

作者深信面临这个瞬息万变的时代，非传统的广告，越来越受重视，也越容易被人们所接受。同样的，这类打破传统的广告和另类的广告思维，也会越来越多。

这本广告学就是突破传统樊篱，以天马行空的另类思维，在浩瀚无涯的广告学领域里，罔顾千人所指，万人所疑，排除众议而写成的。

它的特点是：

领先的——走前人所未走的路，是拓荒的、空前的。

另类的——本书所网罗之内容，都是别出一格，与众不同，舍平庸取独特，非另类者难入本书门槛。

崭新的——本书是崭新的，脱俗的，所有内容与坊间广告学著作，绝不雷同。

有据的——本书案例，绝非杜撰，句句真实，有凭有据。

趣味的——趣味是广告的重要诱因，本书图文并茂，趣味洋溢。

益智的——本书所采案例，均属另类，对狭隘思维有启发作用。

全民的——这本另类广告学，不但学商的学生要读，广告从业人员要读，行销业者要读，甚至可以说全民都要读。

本书之成，得助于挚友费钟琦先生提供珍贵资料，小女樊娟娟细心校稿，在此一并致意。

综合以上各点，权作引言。

作者于美国新泽西州翔斋

2010年5月

第一章　导　　论

1—1　开宗明义谈广告

广告是广而告之的简称，可以泛指一切不针对特定对象的公告，包括公益广告、旅游广告和商业广告等。然而日常生活中所说的“广告”。往往特指商业广告。即用于推销产品、劳务或经营理念的付费公告。

广告的目的在于劝说或告知大众，以引发购买、增加品牌认知或增进产品区别等，广告另一个重要目的，就是刺激甚至创造对某一产品、劳务和观念的需求或态度的改变。

从事行销与广告的人，要懂得什么叫“广告的六 C”，所谓“广告的六 C”，就是：消费者（Consumers）；传播（Communication）；钳制（Constraints）；创作（Creativity）；渠道（Channels）；广告活动（Campaign）。

首先从“消费者”说起，无消费者即无所谓“广告与行销”，所以说消费者是广告行销的基础，从事广告行销的人要对广告的“标的”——消费者，要了解要研究，了解他的性别、年龄、生活习惯以及习俗等。否则，你无法做广告计划。

其次谈到“传播”，广告与传播息息相关，甚至可以说广告必须传播，传播要用广告。

再谈到“钳制”，钳制含有约束、牵制、管制等意义，在广告运作当中涉及的问题相当多，若无约束漫无限制，则无法运作。例如做广告要有“预算”，即广告费，没有广告费，一切都是空谈，广告费多少，在广告进行中，如何花用，要有约束和限制，所以也可以说钳制有“管理”的含意。

至于“创作”问题，在广告运作中十分重要，是广告运作的基础，做广告要有广告作品，广告作品非创作不可，尤当广告泛滥的今天，广告无创意，或沿袭他人的广告，不但不能发挥广告效果，甚至招致反效果。所以广告要有创意（idea），要重视创作。

其次谈到“渠道”，无渠道即或有出色的广告创意，也无发挥的空间，所谓渠道可以说是广告的“连体婴”，两者互依互赖，缺一不可。

最后谈到“广告活动”，在广告学里，有所谓“单一的广告”无法达到广告目标，要使广告效果达到极致，必须经过缜密的筹划，确立广告活动方案。综合前边所列六个C的可能手段，双管齐下，才能完成广告的使命，达到广告的目的。

1—2 广告溯源

广告之由来，因媒体之演进、广告之产生时期各异。例如用招牌、口号等吸引顾客的做法，在欧美很早就有。

从意大利的庞贝（Pompeii）遗迹，便能看到类似招牌的痕迹。所以招牌的历史很早，公元前3000年，在巴比伦就曾有之。当时的商人，每逢载运珍贵商品之船舶驶来时，便大声呼喊，以招揽顾客。

至于我国古时最流行的常用广告词是“货真价实，童叟无欺”，它的表现方式就是招牌。这种最古老的广告做法，流传至今仍然存在。

我国开始用报纸做广告，始自1858年，当时多为人事广告，如遗失、声明、寻人启事等以公告方式为之。1872年上海《申报》创刊，外商倡导刊登广告，此为我国报纸广告之始。

最近在《世界日报》刊载一篇报导，标题是“老宣纸原是200年前产品广告”，内文是这样的：……家住泉州市的蔡先生，手里拿着一张黄色宣纸，这张宣纸旧了，还有不少小蛀洞，除少数文字有些模糊外，其他字迹仍清晰可见。

宣纸上写着：承志吴氏秘制茶糕良方，性质和平，气味甘淡等词句。整张纸，就像当今的商品说明书，带有广告意味。从这张老宣纸刊载的商品广告，可以窥见200年前的广告梗概了。

另一篇报导的标题是：“94年前老报纸——垃圾堆捡出”，内文是这样的：台湾省台中县石冈乡吕坤树先生在垃圾堆中发现94年前的《台湾新闻报》，其中就有翘胡子“仁丹”的广告，饶富趣味。

这张报纸已经泛黄，刊出日期是大正元年，即1912年12月25日。广告版面刊出的有酱油、服装、药品、酒类等，尤其是酒类广告篇幅最大。广告词平实，

申報

资料:《世界日报》

1881年3月9日上海《申报》。

例如酱油的广告词“美味可口”、服装的广告词“高贵典雅”等。这两篇报导展现了海峡两岸难得一见的早期广告原貌。

另据《南方都市报》报导,广州市中山四路2号一堵老墙上,惊见民国时期(1925年)巨幅香烟广告。这堵青砖古民居墙体宽约5.5米,高约12米,巨幅彩色画占据墙体的中心部位,广告画顶部写着“香烟”两个大字,中间画了罐装和盒装两种香烟,虽然墙面右侧画面相当模糊,但香烟罐上的美女图像色彩依然鲜艳。

经考证,这幅画像就是82年前上海滩著名的美丽牌香烟广告。画中的美女是20世纪20年代上海滩著名影星吕美玉,取材于当年她演出的京剧《失足恨》的半身剧照。

“美丽牌”香烟墙体广告是目前广州发现的户外面积最大的民国时期广告画。这幅广告画的发现,有助于对当年广告绘画技术的了解。

资料:美联社

这张于1843年印制的圣诞卡,是由伦敦的亨利柯尔设计。卡片上描绘一家人幸福洋溢庆祝圣诞节情景,被称为圣诞卡肇始者。

资料:美国国会图书馆网站

这是一枚1861年美国所作的广告,历史悠久十分珍贵。1850年美国第一家私家侦探社——平克顿侦探社开幕,事隔十一年作了这个广告,侦探工作不分昼夜,所以在广告图案眼睛下边有“我们不睡觉”(We never sleep)字样,以表现其敬业精神。另外围绕眼睛两行英文字 Pinkerton's National Detective Agency——平克顿国际侦探社,亦作眼睛状,强调该社神眼常开,不眠不休,执行为民除害之神圣任务。

前边谈到我国报纸广告始自上海《申报》创刊,2010年4月29日北美《世界日报》恰好刊出上海《申报》1881年3月9日出版的广告。以头版头条的形式,配上“论创会”的长篇社评,以及另一篇“论博览会有益于地方生意”等一系列文章。这两份资料,不但可以窥见我国早期报纸之全貌,另一报导是国人难以料想到的,早在129年前就有人倡导在上海举办世博,而且这位先见之明者,不是中国人,而是名叫加葛理的意大利人。

1—3 完全开放的中国广告市场

中国经济起飞,广告市场火红,为顺应世界潮流与经济全球化趋势,中国广告市场逐渐开放,其进展情形简述如下:

2003年年底全部开放广告市场,由于中国经济快速发展,为广告传播业的成长提供了动力。同时为了兑现加入世界贸易组织的承诺,广告市场开放后,广告传播业国际化的步伐越来越快。

按照规定,中国加入世界贸易组织后,即2003年年底,允许设立外资控股广告公司,到了2005年年底,允许设立外资独资广告子公司。现在全球的十大广告公司,已全部在中国设立了合资公司,进驻中国抢夺广告业务的商机。

资料：美联社

2009年，遭逢金融海啸，但中国经济继续成长信心十足。此图显示，辽宁省沈阳市建筑工人正在工地搭脚手架。叠罗汉似的越叠越高。寓意中国经济，展望未来，仍有向上提升的空间。

1—4　21世纪广告趋势大预测

1973年作者曾在台湾广告专刊——《广告时代》杂志，以“100年后的广告界”为题，作以下之预测：

一百年后，人类旅行其他星球，将不是稀奇的事，由于宇宙空间之扩大，迈入了纯粹的电子传播(Electronic Communication)时代。在媒体方面将出现太空媒体，以作旅游太空的人们传达讯息的工具。广告代理业以大吃小的方式，使中小型广告代理业销声匿迹。洲际之间，犹如隔洋岛屿，国际之间近在咫尺，AE(客户主管)跑客户要用单人驾驶的飞机代步，来自客户的各种资料，非用电子计算机无法处理。远离地球的客户，可用传真电话与客户开企划会议。

各种仪器，代替了人类的智慧，美工和广告撰文人员，只要善于利用仪器，就能随心所欲设计出动人的广告原稿和扣人心弦的关键句。一天的工作只要两小时就可应付裕如，一百年后，广告人将是最逍遥最幸福的人了。

时至今日（2010 年），37 年过去了，有些预测已经实现，有些仍在演进当中，相信不久的将来，必会如我所料、美梦成真。因为时代在变，人类欲求也在变。

而改变最大的起因，就是 2008 年金融海啸，全球经济大幅倒退，财富地位一夕之间骤然崩盘，当人们疲于应付目前危机时，世界也在不知不觉地改变。美国著名杂志——《时代》（*TIME*），2009 年 3 月出刊的年度专刊，以封面主题汇整出“正在改变世界的十大观念”（*10 Ideas Changing the World Right Now*），预见未来被改变的世界，其动力就是“观念”。

在这十大观念当中涉及广告最深远的是“生存商店”（Survival Stores）应运而生，何谓“生存商店”？因为这一场金融危机，改变了人们购物习惯，商店形态也已悄悄转变。业界戏称这类商店为“生存商店”。

资料：法新社

在人们应付金融风暴的同时，世界也正悄悄改变。2009 年 3 月号《时代》杂志，专题报导“正在改变世界的十大观念”，以此主题，所设计的《时代》杂志封面。

生存商店不需货比三家，商品不需争奇斗艳，这类商店里仅卖物美价廉的东西，如：便宜的食物，能穿数个冬季的服装，买不起新车的人可买上班专用的脚踏车。

这种全新的零售方式，让人们走进商店从修电脑到买菜一应俱全，不论什么货既便宜又简单，购物环境变得更单纯，店家对消费者坦白，使消费者也无须再怀疑店家欺诈伎俩。这类廉价商店已经在全球蓬勃兴起，而零售业巨头“家乐福”(Carrefour)也早已投入这场战局。

综上所述，果真未来如所预测的事实成真，那么未来的广告也必须顺应世界潮流以及消费者的观念改变加以改变。简言之，广告诉求有待改变者，可归纳为以下几方面：

商品价格强调低廉已无吸引力，商品包装力求朴实，服装布料等商品强调经久耐用已引不起购买意愿。

1—5 广告是推动经济发展的舵手

由于现代生产技术惊人的进步，必须更新设备，引起了投资活动。除旧布新，不断生产新产品，对消费者生活的提升掀起很大变化。

生产技术革新，是经济成长最大的助力，为了开拓新产品，必须大量生产大量消费来维持市场正常的运作。如果大量生产和大量消费的渠道发生阻塞，便中止了物资的畅通，也就阻碍了经济的发展。

所以广告肩负着促进经济成长的重任，在推动大量销售上，所不能或缺的、最有效的手段，就是广告。

1—6 广告投资多寡是经济盛衰的风向球

2008年，全球面临金融海啸，经济萧条的高峰期，由于需求紧缩，全球企业对广告投资也不得不以减少来应对。这是全球各大企业共同的措施，所以从世界各国对广告投资多寡，就可看出经济发展变化情形。不过这却是一种古老的墨守成规的做法，新的经营观念是越在经济萧条期越需要大量广告投资，谁抢先在萧条期终结前大量投资广告，谁就扭转萧条，活络经济拔得头筹。一般对经济盛衰动向，由各国官方制定的“经济指标”，可以预测未来经济发展，对经济复苏起到重要作用。

1—7 另类指标测经济——神准

彭博资讯专栏作家林恩(Matthew Lynn)精心挑选七个另类指数预测经济走势,其精确度不输给官方数据。

(1) 黑莓手机指数(Blackberry Index)——负责并购的银行家24小时在个人通讯装置旁待命,要是你看到很多人拼命使用黑莓手机,表示会有不少大案子要发生,反之,表示市场已“差不多”了,依然萧条不振。

(2) 私人喷气飞机指数(Private Jet Index)——如果使用私人喷气飞机的人增多,代表市场前景看好,不过这只限私募基金市场,因为这行的人绝不会搭一般的班机。

(3) 毛巾指数(Towel Index)——如果你一大早想去泳池游泳,发现毛巾一条不剩,代表经济不像那么糟。若是还剩很多可用,代表经济还是不好。

(4) 保姆指数(Nanny Index)——如果看到很多妈妈手足无措,不知怎么帮小孩擦防晒油,大概就可以推论,避险基金的赎回潮还未消退。如果这些妈妈悠哉径自擦着防晒油,其他交给保姆负责,避险基金大概开始赚钱了。

(5) 平装书指数(Paperback Index)——观察一下泳池边的泳客在看什么书。如果他们一派轻松地读着平装本小说,表示情况没有那么糟。

(6) 起重机指数(Crane Index)——你去游泳池的时候,可能会看到泳池附近有十多台起重机。如果有人使用,代表信用市场依然通畅。如果搁置不动,表示房地产市场仍深陷泥沼。

(7) 比基尼女郎指数(Natasha Index)——地中海度假胜地,俄罗斯石油大王身边美女如云。所以比基尼女郎人数愈多,火辣指数愈高,代表石油市场前景愈看好。

另外有所谓“街头景气指数”(Street Corner Index),即通过与民众生活关系密切的各种消费实际现象来观察真实景气的变化。

美国学者针对日本提出“口红指数”——景气不好时口红销量大增,因为日本女性当经济不景气时减少购买化妆品,但一定要涂口红。

另据管中闵教授发明三大“庶民指标”来观察经济兴衰动向:

(1) 周五深夜街头指数——到处车多人多,显示消费力旺盛;反之,如果人车稀少,显示民众多足不出户,不出来消费。

(2) Kiki 餐厅指数——景气好时，餐厅经常高朋满座；景气不好时，往往门可罗雀。

(3) 国际机场指数——国际机场总是人山人海，表示经济活络，反之，国际机场总是冷冷清清，表示经济萧条。

由以上各实例足以说明，传统经济数据的确是与实际消费生活脱节，唯有根据这些非传统另类的经济指标来衡量经济现状，才贴近人民对经济生活的实际感受，缩短正统经济数据与现实生活的落差。

1—8 各领风骚的全球四大广告集团

全球广告业四大天王，将承揽全球逾半数广告，对全球媒体及广告业产生重大影响。因此凡与广告有关的各行业及人士，面临此一重大变革，为妥善应对，必须加以格外重视与研究。

这四家广告代理巨人是：

1. 美国的 IPG(Interpublic Group of Cos.)
2. 美国的 Omnicom 集团
3. 法国的 Publicis 集团
4. 英国的 WPP 集团

这四家大型公司，高得逾全球广告业半数的营业收入，对全球媒体有举足轻重的影响。他们藉由决定何时及在哪里花费客户的广告预算，来控制电视台如何安排广告时段，让杂志业因无广告而关门大吉。

促成这种举足轻重的集中力量的背后，是一种假设。即广告代理业必须全球经营，规模庞大和提供无所不包的行销服务才能生存。

(1) 倡导广告集团化的肇始者——Interpublic 广告集团

The Interpublic Group(IPG)的主体，源自于麦肯广告公司，其前身要溯及标准石油公司(Standard Oil Company)的广告部。这个广告部 20 世纪 30 年代初期被分解成 34 个独立的小公司。

趁标准石油公司广告部的解体，麦肯正式成立广告公司，在 34 个独立的小型公司中，有 25 家是麦肯的客户，为麦肯带来很大的盈余。

但真正让麦肯走向国际道路，则是马里昂·哈珀(Marion Harper)，他首先收购 Marschalk & Pratt 一家小广告公司，这家公司虽小，但对麦肯经营影响深远，因为它成为麦肯的子公司，通过“公司中的公司”、“相互竞争，统一管理”的体系，使麦肯摇身一变成为 Interpublic 广告集团的始祖。

(2) 美国广告集团的先驱——Omnicom 的来龙去脉

对广告业而言，1986 年可说是冲击最大的一年。因为 BBDO、DDB 与 Needham Harper Steers 这三家老板决定将旗下的股票合并成立一个单一的控股公司——Omnicom。换言之，Omnicom 成功地将广告业予以购并。

因此，Omnicom 是一家全球最大的行销传播策略公司。目前旗下拥有 BBDO、DDB、TBWA、OMD 等公司。

BBDO 广告公司著名的六字箴言就是作品、作品、作品(The Work、The Work、The Work)，其重视广告作品要有创意的情形，可以想见。

(3) 法国阳狮集团(Publicis Groupe)的扩展历程

法国阳狮集团发轫于 1926 年，同时成立第一家阳狮广告公司。其后，通过一再购并和整合，才跻身于全球性广告商之列。

1996 年阳狮开辟全球性网络，仍以购并、整合及创设方式扩张世界版图。2000 年购并上奇广告，成立新的 Publicis Groupe SA. 成为一家控股公司。2002 年，合并 Bcom 3 集团，终于在 2004 年成为全球前四大广告集团之一。

(4) 英国 WPP 集团成为购并巨人的由来

一般人都不清楚 WPP 是怎样的广告集团，但是提起 J. Walter Thompson、Ogilvy & Mather、Young & Rubicam，凡是广告界人士则是无人不知无人不晓。这些世界知名的广告公司，现在都是 WPP 的一分子。近年来经过 WPP 并购或投资的公司超过 50 家以上。

WPP 的灵魂人物是英国的马丁·索雷尔(Martin Sorrell)，1975 年索雷尔进入英国上奇广告公司(Saatchi & Saatchi)为时不久，迅速建立起上奇王国。1985 年取得一家名为“铁丝与塑胶”(Wire & Plastic Product)公司的控制权，它就是 WPP 的前身。

WPP 经索雷尔惨淡经营，陆续收购 J. W. T. ，以及 Qgilvy & Mather，建立起广告、行销传播王国。

2000 年 WPP 与杨雅集团(Young & Rubicam)换股合并，使 WPP 成为世界最大的广告集团。

2003 年索雷尔收购英国一家叫作 Cordiant Communications 的广告公司，这家公司旗下拥有很多企业的广告代理，并在亚洲和美洲都有分支业务，对

WPP的扩张版图，颇多助益。后来又收购了Grey Global，此次收购对WPP最大的好处是得到精信环球最大客户宝洁公司的广告业务。以致WPP快速成长，在广告界中占据了重要地位。

1—9 小型广告公司立大功

近年来，广告公司以不同的形式进行推销，不同类型的宣传方式，需要整合不同的广告公司方能达成。全球广告业正因为广告形态的改变而有了剧烈的变化，几家全球大型广告传播公司，通过一连串并购行动，成为独步全球的“超级广告集团”，并购行动也带动整体广告业绩的成长。

例如WPP集团，一口气买下超过50家的独立广告或传播公司，另外像家喻户晓的全球最大广告公司智威汤逊(Walter Thompson)或是奥美广告(Ogilvy & Mather)，以及Bozell、Campbell-Ewald、GSP等，这些广告公司全部被一些大型的控股公司纳入旗下。

不过以创意为卖点，策略性搭配时下流行的网络传播这样的经营方式，依然为一些小型公司赢得部分全球性客户的青睐，如此一来，使小型广告独立制作公司有了生存空间，例如Wieden & Kennedy规模不大，却创造了脍炙人口的广告作品，Nike脍炙人口的广告口号“Just do it”就是这家公司的杰作。例如日本本田汽车曾委托America Online创作广告。M. Silver Associates公关公司，虽规模不大，则专注公关行销，博得各界赞许。

由此观之，这些小型广告公司的佼佼者，欲加入超级大型广告公司并非难事。但它们仍然愿意独立经营。主因是大型广告集团可以通过充沛的内部整合资源替客户服务，但广告“创意”的好坏与公司大小无关。

1—10 趋之若鹜的广告人

广告这个行业是所有行业中最不寻常的，它卖的不是商品，而是无形的“点子”，它以小博大，化不可能为可能，它手无寸铁，却能击溃千军万马。正如史崔德·安德亚森编著的《维京人宣言》(*The Viking Manifesto*)那本书所描述的，从事广告业务的广告人，不守游戏规则，而是凭着出色的点子，这个点子很简单：趁人不备而大肆进攻，不靠饮酒嗑药而斗志高昂。他们是全球化的忠实信徒，也笃信必须踩着鲜血才能前进。

现代的广告从业者虽然占全球总人口寥寥无几，却打造了一些全球最著名的行销成功个案。宜家家居（IKEA）、富豪汽车（Volvo）、乐高积木（Lego）……，无一不是开创行销新局，这都是广告人靠着团队合作、群策群力、苦思力想，以杰出的创意，为产品找出路，为企业打先锋。这就是社会所付托广告人的重责大任，也是广告人具有的魂魄与精神。

2009 年 6 月 10 日《世界日报》报导，一位在斯坦福大学商学院攻读 MBA 的学生的一篇文章，标题这样写着“在广告公司打杂，倒贴很值得”，文章中叙述他争取到美国一家最具规模的葛雷广告公司（Grey Advertising）实习的工作，这份工作是他在职场上昂首阔步的重要里程。

他说他在实习过程中，看到这家著名的广告公司怎样运作，见了场面也积累了经验，不要只看目前工作的价钱，要看它的价值。在职场上也要牢记，从事任何工作，去解决问题，不要等问题解决你，这是青年人对广告人向往的心声，值得参考与警惕。

第二章　从广告经营到广告设计

2—1　另类广告营运策略——全球同步单一广告

世界最大移动电话制造商诺基亚公司（Nokia），在全球同步发动广告攻势，试图以单一的广告讯息，建立更强烈、更一致的品牌认同。

以“拥有诺基亚摄影手机的 1 001 个理由”为口号的一系列广告，将同步在欧、亚、非三大洲的电视、平面媒体和线上广告现身。广告的目的是在不同市场传递相同的品牌讯息，有别于已往“因地制宜”的策略。

这个策略的转变，再度回归到行销界一个争论不休的议题：那就是广告究竟该本土化，还是全球化？媒体机构认为企业尤其手机厂商，竞相建立品牌知名度，在线上广告和电视广告可以下载，并经由互联网快速传播的环境下，确保消费者接触一致的品牌讯息，是无可厚非的。

对行销业者而言，只要全球广告的方式正确，广告商就可收规模经济之效。此外，广告制作成本由众多市场分担，小市场可以和资源较丰沛的大市场一样，享有高品质、有创意的精美广告。

然而，这种以一套广告走天下的策略也有风险，如果因为文化差异引起消费者对广告的误解，对产品销售恐怕会有影响。

2—2　另类创新行销法——英特尔凸显整体品牌

英特尔（Intel）新一轮的行销广告攻势，定位为“明天的赞助者”（Sponsors for Tomorrow），主打创新能力，重点在凸显英特尔整体的品牌，而不再强调特定的产品。

英特尔过去一直强调它的产品在日常生活中扮演的角色，英特尔的主张是“我们对你的日常生活非常重要，想像一下你会发现没有英特尔的世界，灯不会亮了，世界不再运转”。

在这波行销广告之前，行销广告计划操刀者 Venables Bell 公司曾搜集多家科技公司的广告加以研究之后，发现大家都清一色强调他们对当前世界的重要性，认为这实在是陈腔滥调。因此大多数科技公司都从研发角度切入，发现英特尔的工程师并非运转当前世界，而是跑在市场之前几年，因而想出“明天的赞助者”这个口号。

这波行销活动包括平面、电视和网络等广告领域，在全球 30 个国家播放，此外也在时报广场等地的大型电子看板上提问：“您想看到怎样的未来？”民众可以用短信回复，录用的答案将显示在全美大型看板上。

尽管英特尔目前的行销业绩不够理想，但其共同创办人摩尔（Gordon Moore）一向鼓励在经济衰退时对广告投资，当走出衰退时，就会处于领导地位。

2—3 中国最讲究创新的企业——百度公司

好的广告要靠杰出的创意，好的企业要讲究创新。从某种程度上说，中国最创新的企业首推百度公司。据《华尔街日报》公布的调查显示，号称超越 Google 的中国网络搜索引擎业者百度(Baidu)公司，获选为 2008 年最重视创新的中国企业。据《华尔街日报》对亚洲读者所作的调查显示：中国 60%的网络搜索使用百度的搜索引擎，因为百度拥有较优异的中文资料查阅功能，而中文又是全球第二大网络语言。

在中国网络搜索市场，百度有很多特殊功能，是竞争对手无法抗衡的，例如“百度知道”系统，提供网友问答问题，是全球最大的线上问答系统。总而言之，百度公司被选为中国最重视创新的企业，实在是名副其实，当之无愧。

中國最有創意的企業

排名	公司
1	百度
2	招商銀行
3	分眾傳媒
4	海爾
5	網易
6	聯想電腦集團
7	中興通訊
8	民生銀行
9	萬科
10	尚德電力

資料來源：《華爾街日報》

中国搜索引擎业者百度公司，2008 年获选最具创新的中国企业。

2—4 另类企业营运——山寨经济学

有“穷人的福利”之称的“山寨文化”，成为时下最引人争议的话题。愈是走红、愈是热卖，就愈多“山寨”。“山寨时尚”也吹到了好莱坞，连知名女星都爱上“山寨版”。“山寨时尚”已成为时下流行新指标，所以“山寨文化”被称为“穷人的福利”，实不为过。

山寨风潮溯自2003、2004年，其后，逐渐在中国出现。最早出现在手机产业，以仿冒“诺基亚”的手机打开市场，后来发展到不同产业，并转型到自有品牌，例如快餐店的“麦当劳”M字招牌，其二扇拱门变成三扇拱门，零售店“屈臣氏”变成“曲同氏”，咖啡店“星巴克”变成“巴克星”，等等。

山寨产品能广被消费者青睐，有其独特的法则，在山寨领域中“只有想不到，没有做不到”。

山寨的经营哲学是：融入创新的变型即被称为“山寨”。中国的经济发展，仿冒是必然过程，和保护知识产权之间，有一套共存之道，是多样化发展社会中，一股草根性的力量。

其行销不二法门首先是：先用减法，减到极致，成本减，价格就低，“貌似大厂，价格一半”，在外观和功能上多下功夫，“貌似大厂，更甚大厂”，客户就会上门。

其次是“快速复制、短期致富”，现代人大家都很“近视”，“能捞就捞”。

山寨的加法哲学，大多环绕着产品外观与功能两方面，“品牌厂没有的我也有”，这是山寨产品的加法魔术。

通常“山寨”是复制正品的外观、设计和功能，但并不说它是合法的，如果被“山寨”的品牌能提出证明，证明该商品的设计、款式和功能是原创，“山寨”要受法律制裁。

为了避免仿冒违法，山寨业者不会直接仿冒正品Logo商标，而是以“小改款”的方式规避刑责，让正牌精品恨在心里但依法无据。不过严格说来，还是有抄袭的成分，只不过抄袭的是款式，这正是法律上最难举证认定的部分。虽然“山寨”在法律边缘游走，但并不表示“山寨”就是对的，基本上它扼杀了“原始创意”，是不道德的行为。

为了遏止山寨抄袭的恶行，2004年德国设计界特别成立一个“最佳抄袭奖”

(Action Plagiarize Award)，用作警告抄袭他人的不肖厂商。

广告最讲究创意，所谓创意应当是首创的，是创新的，是空前的，是未被发现的。因此，在广告创作实务上，绝不容许仿冒、抄袭、走他人走过的老路。所以广告创作绝不容许山寨广告。

资料：取材自网络业者资料，费家琪制表

创新变形山寨版比较图。

2—5 另类的创意诠释——制造中意的抽象意念

我们面临一个创意时代，创意给现代人生活多少惊喜，多少幽默，多少泪中的笑，创意对人类的贡献，十分伟大。因为没有创意的生活，了无情趣。尤其从事广告企划与设计者，创意对他们之重要，远胜一般庶民。

何谓创意(Idea)？创意是新鲜的，与众不同的，例如：与传统不同是一种创意，与他人不同是一种创意，与过去的自己不同也是一种创意。一个杰出的创意是没有边界的。

据日本久保田宣传研究所编著之《广告大辞典》对创意的解释：所谓创意是一种观念、一种构想，创意是制造"意念"的工程。制造一些令人"中意"的抽象意念，这就是创意。现在创意成为广告领域中的日常用语。

至于创意和广告，有所谓"创意广告"(idea advertising)，即或广告表现构想新颖、极富创意，但必须符合广告主之企业理念和经营方针以及广告产品之特征。

广告创意的好坏成为广告产品是否突出、成败之关键。如上所述创意带有反常的意味，但必须"合道"、"合理"，也就是要合于一般思考的逻辑。例如李白诗中："白发三千丈，缘愁似个长"，"白发三千丈"是一句不合理反常的句子，但是"缘愁似个长"，使上句的反常拉回到合理的思考中。我们不是常将头发说成"三千烦恼丝"吗，"愁"犹如三千丈那么长。

有人认为广告创意是天才者突发的构想，实际上广告创意大都是既成要素重新组合而产生的，并非天才者所独占，任何人都可能突发奇想，想出奇特的"点子"。不过思考创意时，必须具备专门领域的资料和一般常识，但是要想从这些资料中思考创意，灵活的头脑是首要的。

人的头脑价值天差地别，主要在于创造能力如何，有的人他的头脑一个月一元也不值，但有的人一个月会值千万元，这太不可思议的逻辑，但实际的确如此。

2—6 揭开创意的神秘面纱——脑力激荡

在广告企划作业时，要想有个意想不到的广告花招，唯一的办法，就是利用脑力激荡(brain storming)集思广益的途径，脑力激荡又名动脑会议，是集体的有效的一种思考创意的方法。

脑力激荡系美国一位现代贤哲——奥斯本·阿莱斯(Hlex Osborn)所倡导。本法要点如下：

(1) 参加动脑会议者对所想出的创意,不得当场批评。

(2) 乍看之下,即或是愚钝的构想,也有激发思路的作用。

(3) 尽量提出你的构想,构想越多越好。

(4) 以他人想出的创意作导引,促使新创意的诞生。

(5) 会议标准人数以六人为宜,如参加人数众多,可分组讨论。

(6) 会议时间不超过一小时,若一小时后仍无较佳创意时,主持人宣布休会,令参与会议者稍事休息或另订会议时间。

以上六点就是脑力激荡集体思考的精髓,也就是利用动脑会议确能产生意想不到的创意。

华盛顿大学心理学家索耶(R. Keith Sawyer)对创意的来源,认为创意不只是瞬间出现的妙点子,而是人们在不断整理想法的过程中,激发出许多小火花产生连锁反应造成的。

如有人研究达尔文的笔记本,发现他的论点,处处碰到死角,甚至花了几年时间试图推演出合理的理论,最终仍无结论。尽管如此,曾经的失败对其日后成功推演出进化论仍具有关键影响。但达尔文是个人独创的论点,而企划广告创意,要靠集体的智慧,达尔文发掘进化论,花了多年功夫,但企划广告有时间限制,不容为了创意而坐失广告时机。

2—7 另类广告创意源——无聊和痛苦的时候

我们不该对无聊的东西嗤之以鼻,很多重要的发明和广告的创意,可能源自“无聊”,英国《每日邮报》选出历来“最无聊的发明”,包括厕所里的阅读板,电动雪糕筒等,每样的创意都得自“无聊”。

如厕时如有阅读习惯,阅读板就能派上用场,雪糕在夏天容易融化,若不想弄脏手,最好用“电动雪糕筒”。香港有位中学生,利用卫生纸发酵提炼乙醇(酒精)作为生物燃料发电,这不仅可帮助纾缓能源危机,更达到废物利用的环保目的,其灵感就来自学校的洗手间。

广告创意也多在无聊的时候突发奇想,产生绝佳的创意。痛苦的时候也是产生创意的好时机,痛苦犹如一把锋利的刀,砍断那些因循的心理枷锁。《世界日报·香港副刊》“宽乐天地”栏，以《创意无需首创》为题的短文，对研究广告的人，很有启发作用，尤其对广告设计讲究创意的现在，如何产生创意，创意的真谛是什么？这篇短文颇多借鉴之处。

短文开头这样写道：“对不了解创意工业的人，对创意一语，很难了解，创意可以是史上从来未有过的，但未必是杰出的创意。”

创意可以是一些旧意念的新包装，或者重新整合。要创造出前所没有的东西实在不易，愈无用的东西，愈少人创造，却是勇于创作的人最好的创作空间。

欧洲工商管理学院（Insead）2009年公布全球创新指数（Global Innovation Index）指出，因为美国最有办法创造新观念并加速采用进而从中获利，荣登全球最具创新能力的国家。而且遥遥领先其他国家，连第二名的德国都望尘莫及。

此榜中东亚只有日本、新加坡和中国香港上榜，最特别的当属排行第14的阿拉伯联合酋长国，为唯一挤进前15大的中东国家，而迪拜也逐渐成为创新观念的中心。

2—8 创意产业商机无限

麦当劳的广告创意方向，历来都由美国主导，但现在要想发展出最佳的广告创意，在全球广告公司激烈的竞争中，以中国对麦当劳的广告创意最为突出。因为中国近年来正加足马力，开拓创意这个新产业。

十年来，随着国际广告公司不断进军中国及培训当地创意人才，现在中国的广告已改头换面。新一代的从事创意者，除向国际的广告创意寻找灵感外，还会加上中国的元素。

2003年冬，麦当劳以“我就喜欢”（I'm lovin'it）这句瞄准年轻族群的广告词，轰炸了全球电视机前的观众。这个杰出的广告词，就是由上海一个广告设计团队创作出来的。这句广告词之所以如此轰动，它是把西式风味加入中国元素形成了创意的新风貌。

香港的创意产业，带动了我国创意产业的蓬勃发展，2008年秋，由香港设计中心举办的“创意香港在纽约”，由四位设计师，精心设计的创意作品展出后，颇获好评。因为它把香港的设计精神和品牌的独特性融为一体，令观众感受到“香港设计"丰沛而又多变的创意动力，也可体会到香港独特的中西文化交融的感染力。

资料:《世界日报》

"创意香港"在纽约曼哈顿展出的中英文 Logo。

2—9　另类培养创意人才法——不可把创意人视为生产机器

创意活动是第二次世界大战时美国开始发展的概念，当时美国征选优秀的飞行员，发现凡是以标准答案作答的飞行员，都容易殉职。面试时天马行空大放厥词的飞行员，反而有解决问题的能力。创意是当代竞争利器，如何产生创意，大量阅读是促进产生创意的不二法门。

读过笔名阿宽的短文，文章写道："创意工业要搞得成功，先要有一班好的创作管理人。诚然，如果把搞创意的人视为生产机器，注定失败。"

文中还说：当市场活络经济蓬勃的年代，由于创作人才多，反而不太注重创作，因为市场卖气蓬勃，只要有商品就不愁卖不出去。管理层会被市场行销的人们所控制。不懂创作的管理人，头脑简单地认为创作人与一般人无何差异，所以用一般管理的做法，来管理创意人。这是对创意人才的埋没，是与培养创意人背道而驰的做法。

创新的成本太高了，是一种冒险的投资。最省钱的创作，是将旧创意翻新，或者看见人家成功就跟着走同样的路。

对经人创造的既有事物重新包装重新组合，也是一种创意，经过包装组合的创意，看似容易其实也难。不信可以苹果电脑为例，苹果电脑受全世界民众所欢迎的 iPad 和 iPhone，并非史上首创，但居然能独霸市场。iPad 出现之前，MP3

早已问世，苹果居然想到把整个硬盘塞入 MP3 机内，乍闻之余，十分错愕，这样岂不是把人生中听过的歌，都可以全部放进里头，带在身上？“创意是要够疯狂，才有大作为。”iPhone 推出之前，大部分手机都可播歌拍照。以手机而言，iPhone 并不领先，但苹果公司却有能力使它成为潮流产品。

2—10 应对广告形势的变化

美国广告业者，正面临空前新挑战，不得不大幅更新观念与做法。华丽的电视广告与精美的平面广告市场都遭到侵蚀，广告主逐渐把预算转到新颖的手机广告以及虚拟实境行销。

遭此严重打击，传播公司、广告商正改变营运重心，把创意发挥在店面广告、邮寄广告等较朴素的行销手法以及提供广告采购的咨询上。此外，由于现代人都爱动用网络潜能，广告公司莫不并购数家行销公司或招募有经验的数位行销老手。

这股潮流势将愈益激烈，以下是值得密切观察的两家广告公司的动向：

1. Modernista——愈来愈多广告主把预算转给较小、较灵敏、较能应付市场快速变迁的新兴广告公司。最著名的例子是通用汽车公司的凯迪拉克，抛弃数十年的合作广告商 Leo Burnett，转而起用独立广告业者 Modernista。

2. Universal McCann——这家位于纽约的老牌广告公司，正以改头换面的决心，燃起创意行销的手法，终于立竿见影，获得实效，以致亏损减缓，想出走的广告主也被挽留下来。

2—11 另类行销策略——旧车换现金

2009 年美国为振兴经济，实施“旧车换现金”(cash for clunkers)法案，全美各车行响应积极，这项法案主要淘汰每加仑跑的英里数低于 18 的老旧汽车，购买低耗高效的新车的民众，补助 3 500 美元(新旧车每加仑英里数差高于 4)或 4 500 美元(新旧车每加仑英里数差高于 10)的方式，促进汽车销售及保护环境。

“旧车换现金”法案施行后，美国政府拨 10 亿美元，作为推行法案之用，不料由于车行反应过于踊跃，不数日即告用罄，再拨 20 亿美元应急，仍供不应求。

为刺激经济，2010 年 3 月美国 36 州，仿照旧车换现金的联邦资助计划，实施“家电换现金”活动。针对购买冰箱、洗衣机、洗碗机等提供退款。足见此种活动对促进经济复苏之效益。

资料:《大纪元时报》

美国为刺激经济复苏,实施“旧车换现金”(cash for clunkers)计划。受此计划激励,福特营业额快速成长。图为该公司向零售商号召“旧车换现金”计划的大型标志。

2—12 广告设计大原则

广告设计(advertising design)是为了提高广告效果所作的设计。与此雷同的有所谓平面设计或商业设计。

当你走在路上,看到琳琅满目的海报,你有什么感觉？是杂乱无章？还是赏心悦目？不论一张海报或一张名片,如果能善加设计,绝对能令人心旷神怡,脱颖而出。就连一本杂志、一个网站、一份报告,能否让你的视线停驻,完全取决于设计。设计无所不在,它是一种沟通顺畅的工具,只要肯潜心学习,洞察周围事物,博观约取,设计的技巧就掌握在你的手中。

设计广告最基本的原则,一要醒目,再要易懂。而设计大师罗蘋·威廉姆斯

(Robin Williams)将设计概念化繁为简，归纳出“相近”、“对齐”等原则来呈现作品的一致性与设计的统合。兹以一张名片为例，可以看出哪一张设计较佳。当然以右边这张名片设计较优。

首先运用“相近”原则将相关项目(如电话、住址、Email、网址)，归类在一起。其次运用“对齐”原则，将内容向左对齐。只要掌握这些关键，就能做出好的设计，使作品会更有架构、更一致、也更清晰。一般而言，所谓设计，系指利用色彩、形态、材料等，依目的而造形。广告之平面设计，无法漠视艺术(art)的存在。以艺术为导向的设计，无往不利，成为设计者必走的成功之路。

另外，广告设计的核心，首重字体选择。多种字体的搭配，才会有效地达成沟通的目的。市面上有各种不同的字体，每天都有不同的字体出现，其荦荦大者，可归纳为六大类：

古典体、现代体、方块体、黑体、书写体、装饰体等，从事设计者从累积的经验中，就能体验到字体变化组合的技巧，只要抓住这些技巧，灵活运用，就能达到广告诉求的效果。

其次从 iPad、哈利·波特席卷全球的例子，凸显广告设计创新的重要性。创新不是泛指一切，但创新是广告设计唯一提升广告效果的指针。广告设计的创新，是由广告产品的顾客情感、意愿所驱动。

经由分析一个上乘的广告设计，其创新的途径有下列几项重点：

① 广告商品的使用者，是广告设计是否创新的仲裁者。

② 务实的创新，要广告设计呈现的商品，其外形与功能，必须能满足使用者的需求。

③ 创新的点子就在你的身边，藉由观察今日的消费者生活习惯以及社会演进趋势，即可洞悉如何设计出算是创新之作。

字的變形

	變形 1	變形 2	變形 3
平 體	照相排字機	照相排字機	照相排字機
長 體	照相排字機	照相排字機	照相排字機
正斜體 右 上	照相排字機	照相排字機	照相排字機
正斜體 左 上	照相排字機	照相排字機	照相排字機
長斜體 右 上	照相排字機	照相排字機	照相排字機
長斜體 左 上	照相排字機	照相排字機	照相排字機
平斜體 右 上	照相排字機	照相排字機	照相排字機

资料:取材自本书作者所著《广告设计学》

④ 不只广告设计要创新,所有涉及广告的刊播,媒体的时段抉择,都应扬弃陈旧途径,力求全面创新。

设计团队中,广告撰文者扮演的角色尤为重要。一篇好的广告文案(body copy),必须是敏于感受、富于联想、巧于构思、娴熟用笔、精于雕琢。这五点是广告撰文者(copy writer)必备之要件。换言之,一个杰出的广告撰文者,必须广纳新知、尝试新鲜的语言、扬弃传统的随俗、开创新鲜的意念。

2—13 大型商业广告设计范例

广告设计涵盖范围至广,小者如一枚标签,大者如整个商店,下边系较大者,逐项说明如下:车队广告(Fleet Markings)、透光广告(Backlit Signage)、横幅布条(Banners)、数据形状挖割(Digital Die Cutting)、大型客车广告(Bus Graphics)、地板图样(Floor Graphics)、建筑形式广告招牌(Architectural Signs)。

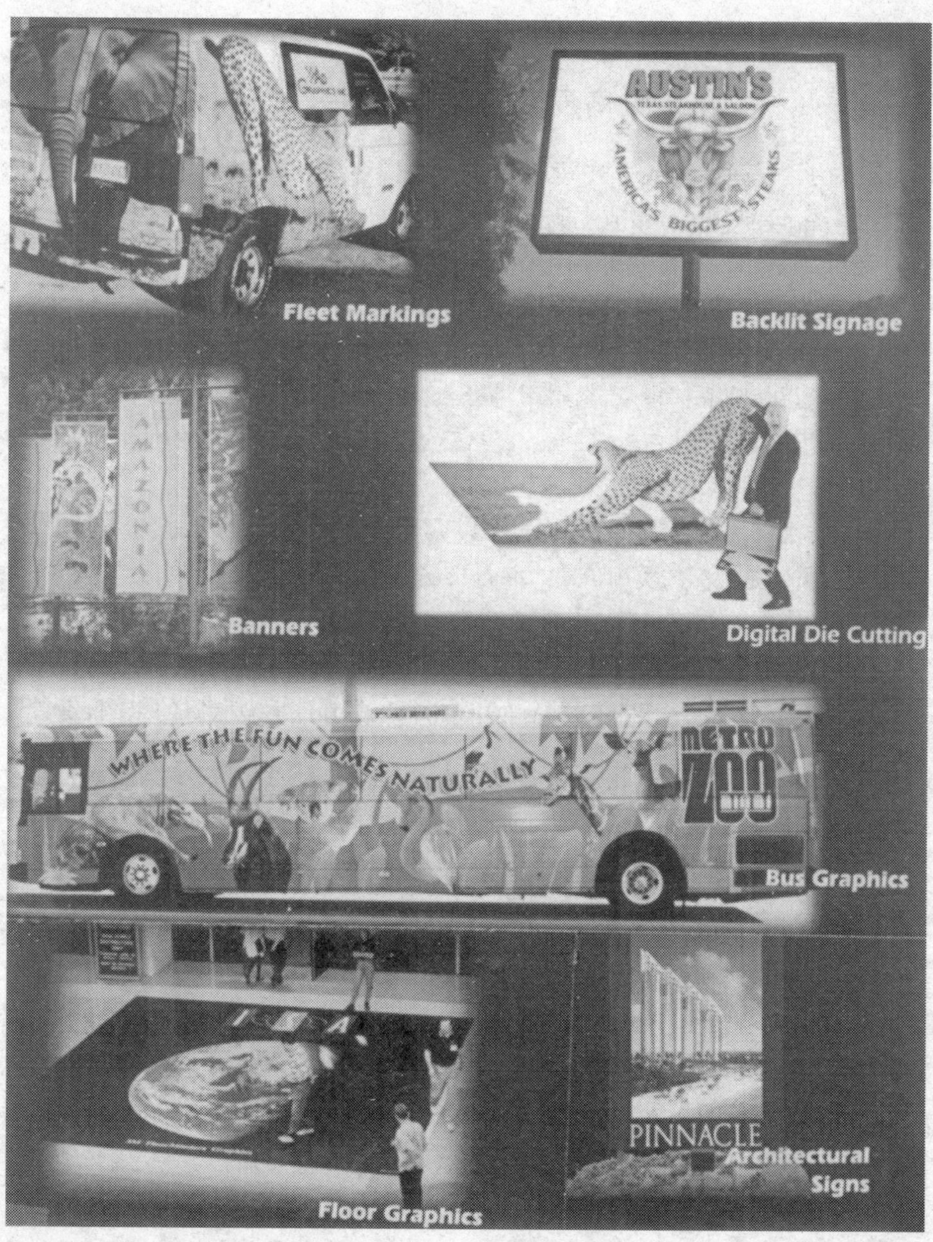

资料:2005 年 9 月 *SIGN* Business

主要大型商业美工设计范例。

2—14 广告表现风格反映经济热度

一个广为流传的讲法是:“女人裙子长度反映经济热度。”经济景气时,迷你裙当道;经济冷却时,长裙成主流。

这个说法出自华盛顿商学院经济学家泰勒(George Taylor)20 世纪 20 年代发展的研究。他指出,女人裙摆的长度,会随经济减速而放长。

迷你裙理论于是成为所谓“社会经济指标”的先驱,投入这类观察的相关专家认为,可以从啤酒销售量、离婚率等社会文化活动,看出实体经济的走势。这种指标的问题在于,即使经济回温,经济衰退带来的消费者负面的情绪还是会持续很久。

不过,观察广告表现内容或许也可以察觉经济复苏的迹象。在不景气时,广告表现着重的是商品的实用价值。一旦市场行销人员嗅出荣景将至,广告表现内容将转为强调愉悦与奢华和追求时尚新潮,一旦豪华大车开始畅销,经济应已回温。

电视节目内容也许是个可靠的风向球。例如,当电视充斥着“斤斤计较打算盘”的节目时,经济可能已经深陷谷底。如果电视节目涤漫欣慰的氛围、倡导奢华时,经济已经从谷底开始攀升了。

2—15 另类广告表现——突破传统视觉樊篱

广告表现好坏攸关广告阅读者之目光如何,一幅平面广告是否能引起阅读者之注意,是广告成功与否之关键。

下边这两幅广告,打破保守的传统风格,以大胆的裸露和诱人的姿势,提高注目率力求达到广告诉求的目标。

Jordache 牌牛仔裤的新广告,与以马头为商标的风格大不相同,这幅新广告以田野为背景,穿着该品牌牛仔裤的女孩,是著名女星布瑞特妮·墨菲,她趴在马背上,姿态优美,撩人遐思。

另一幅由“人道对待动物”组织(PETA)亚太分会所刊出的广告,是以日本知名情色小说作家杉本彩,在东京一家摄影棚,全裸入镜拍摄的宣导短片,宣导保护动物,拒绝皮草,手中的牌子写着“皮草?我宁可裸体”,以裸体抗议虐待动物,打破传统,风格创新。

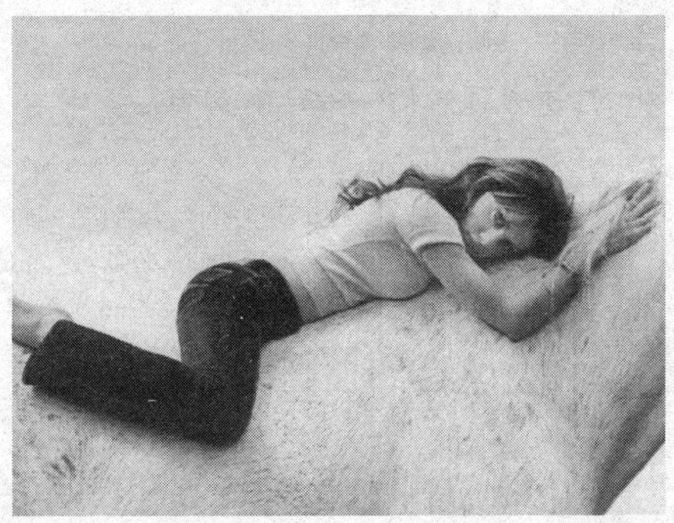

资料：美联社

牛仔裤广告新风格。

资料：欧新社

拒皮草，宁裸体。

2—16 另类广告表现趋势——穿内衣亮相

趋势是潮流，顺应趋势，即顺应潮流。广告表现亦复如是，必须顺应世界的潮流。穿内衣在广告中亮相，似乎是近来广告表现的潮流。兹归纳主要案例如下：

(1) 流行女歌手珍妮特·杰克逊(Janet Jackson)在Dockers服饰、Career Builder.com求职网站和Bud Light啤酒广告均不吝色相，十分暴露，或至少具有暗示性感意味的广告表现。

(2) 超级杯向来引领广告趋势，包括性感或令人不知所云的广告。最新推出的广告，展现家居生活的一面，在广告中穿内衣亮相。

(3) 卡其裤制造商Dockers服饰公司的广告中，出现约30名仅着内衣的男子，在行进中高唱“我不穿裤子”。

(4) Career Builder.com网络上，票选超级杯广告活动，进入最后决选阶段，有一则广告出现“周五休闲装日”，上班族穿内衣上班的画面。

2—17 另类广告表现——宠物猫扮广告演员

资料：September 14. 2009 PEOPLE

这是一种宠物排便盆除臭物质名为Fresh Step的广告。在广告设计上以强调其除臭功能作为诉求重点。由于它消除宠物排泄异味，效果显著。在广告视觉上利用宠物猫充当广告演员，显示这只宠物猫因嗅不到排便盆的味道急得团团转。那副“便急”迫不及待的妙姿，即或真人演员，亦难胜任，真不愧将它纳入另类广告了。

2—18　广告颜色剖析——红色引关注蓝色激创意

颜色对脑部的潜意识作用，已成为心理学和广告与行销学研究的热门领域。因为颜色能激发购买意欲，所以广告企划特别重视色彩，而行销人员试图利用颜色推销商品。

加拿大卑诗大学商学院行销学助理教授朱丽叶·朱(Juliet Zhu)主持的研究显示，红色能让脑部注意细节，蓝色则能引发创造力。

这位行销学助理教授，抽出600名大学生在红色或蓝色电脑屏幕上进行连串认知测验，发现这两种颜色都具有加强表现，激发意欲和行动等作用，可是引发的脑部反应却不同。

在评列广告表现高下时，面对红色屏幕的学生大多专注于应该避免的因素：他们喜欢强调“防止蛀牙的牙膏”，远胜于强调“洁白牙齿的产品”。面对蓝色屏幕的大学生，则欣赏显示旅行的影像，而非宣传放大镜头的照相机广告。

对这项研究，执行研究的人员分析说：人们从小就学到红色是警告讯号，因此，凡是看到红色可能联想到从事记忆、校对、阅读等注重细节的工作时，放慢步调，把事情做好。

但是蓝色让人联想到天空、自由、和平，并可能引发探险的感受，导致创意泉涌。罗彻斯特大学颜色心理学专家埃利奥特(Amdrew Elliot)说：这可能是启发创意的重大进展，不过这项研究只注意颜色，没有顾及颜色浓淡和亮度。

多数对颜色的研究都着重红色，因为红色富有震慑作用，用作运动服的色彩很适当。埃利奥特也发现红色确是情人节(Valentines)礼物最适宜的颜色，因为它比其他颜色更能让男性感受到女性的魅力。

另根据色彩学家研究，颜色对人的情绪影响很大，因为不同的颜色有不同的波长，不同的波长产生不同的磁场效果。所以设计广告所用的颜色必须审慎选择。

一般而言，艳丽的颜色令人精神亢奋，如为了使阅读广告的人引起注意的话，采用艳丽的颜色最有效果。暗淡的颜色则令人情绪低落，陷入悲观失望的深渊，非不得已，在广告表现上忌用低沉暗淡的颜色。

2—19 另类行销秘诀——色诱

2008年的全球经济面临金融海啸，陷入严重萧条的困境，销售产品的要诀，除价格便宜，还有一个重要的诀窍，那就是产品颜色要亮丽醒目，据市场调查发现，不仅服饰需要色彩鲜艳，就连电子产品、电器、厨房用具甚至手提包、行李箱都不例外。

资料：取材自福斯

当红性感女星梅甘·福克斯(Megan Fox)，在“辣得要命”片场的上空的清凉工作照传遍全球网络，堪称以性感诱人的典型。

以中国而言，目前流行紫色，拿着紫色 iPad 才够“酷”。手机、数码相机、手提电脑、台式电脑，都在颜色上大做文章。

著名的零售业大师科恩(Marshal Cohen)说，“消费者用颜色安慰自己、奖励自己、鼓舞自己”，他建议零售业者：欲提高业绩第一要诀，就是增加颜色的多样性。人们对自己喜爱的颜色的产品，会有一种特别的感受，在经济不振，心情欠佳的时候更是如此。再如失业严重，储蓄缩水时期，明亮、鲜艳的色彩，在心理上象征性地“代表改变”。

对于增加产品的新色彩，恐怕无人能与电脑制造商戴尔(Dell)相比，它推出一系列多彩手提电脑。另据色彩专家指出，产品颜色不但要鲜艳还要新。以鲜艳色彩诱人，以新颖花样感人，重乎此二要诀，必能出奇制胜，无往不利。

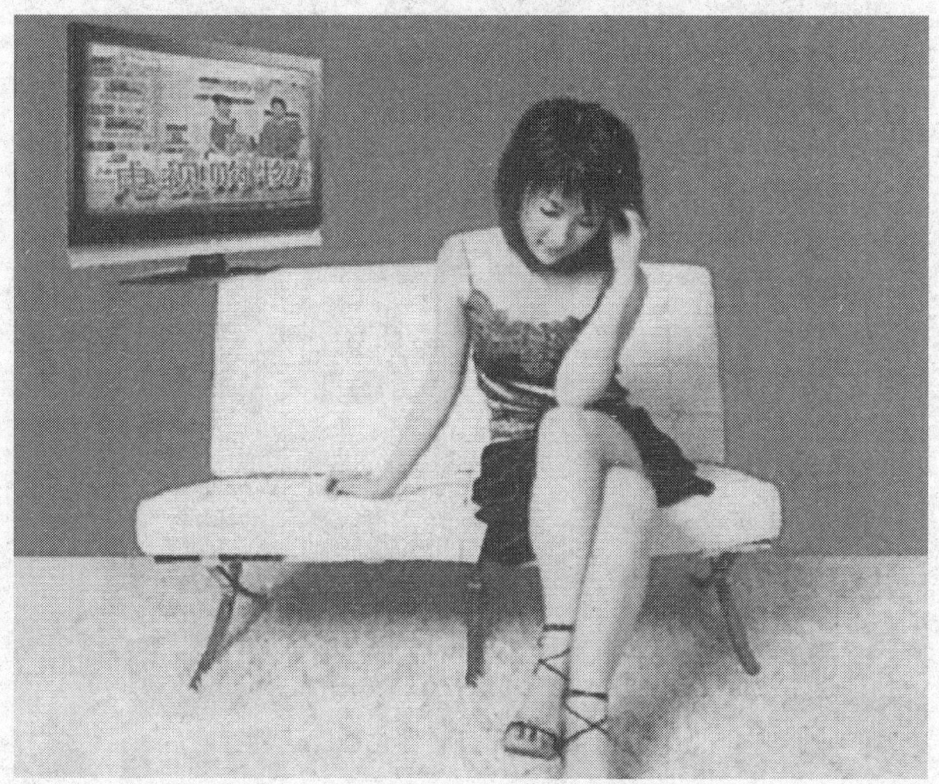

资料：网络图片

电视购物广告大打美女牌，以色诱人，无往不利。

2—20 另类广告牌颜色规定——巴黎香榭丽舍大街禁用黄色

世界各国对广告所用的颜色各有所好，对户外广告牌使用的颜色更有特殊规定，如在法国巴黎香榭丽舍大街，麦当劳的“M”标志必须用白色的，因为这条街禁用黄色。以致麦当劳不得不入境随俗，把一贯用黄色表示的“M”标志改用白色，麦当劳之所以委曲求全，因为麦当劳70%的顾客是被醒目的“M”标志所吸引而上门的。

资料：美联社

据报导在全球经济低迷的情况下，各行各业业绩不振，唯快餐业者麦当劳业绩上扬。图为麦当劳在美国伊利诺伊州的一家店面。

2—21 另类广告词——恒源祥每个生肖念三遍

2008年北京奥运会前，一家奥运赞助商——恒源祥，推出12生肖企业形象广告,由于广告词重复无趣、画面枯燥无味,招致观众批评是"折磨人的广告"。但广告主恒源祥却一夕之间爆红。恒源祥对此批评毫不在意,2009 年开始又推出同样类型的 12 生肖广告,中间只出现"恒源祥"三个字。看过该广告的网友将其戏称为"春节第一雷"。

恒源祥新春的新广告,足足一分钟内就是"牛牛牛"、"虎虎虎"、"兔兔兔"……,12 生肖每个念 3 次,听起来犹如疲劳轰炸,当时各媒体、网络、观众骂声不绝,堪称中国最令人作呕的广告之一。尽管如此,恒源祥一夕之间,却名声大噪。

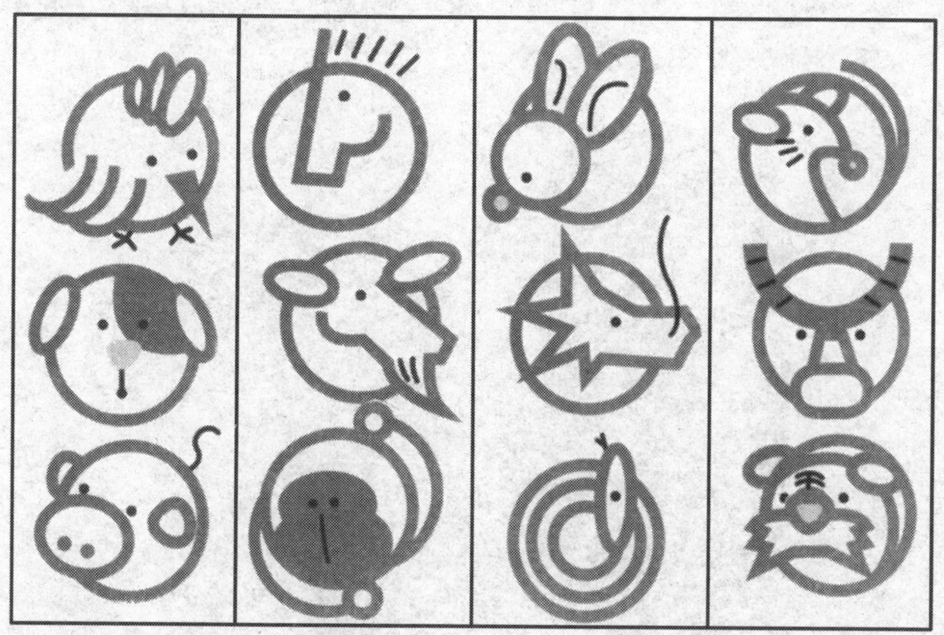

资料:蔡上机设计的 12 生肖图,取材自《世界日报》。

自右向左,自上而下,12 生肖:鼠、牛、虎、兔、龙、蛇、马、羊、猴、鸡、狗、猪。

2—22 另类广告词——广告谐音惹遐想

日本歌星滨崎步,推出第 10 张原创新专辑"NEXT LEVEL 新起步",专辑尚未上架,却与台湾歌手蔡依林(Jolin)惹起相关争议。

台湾的电视、广播突然强打一则神秘的 10 秒钟广告,广告词是这样的:"1、0 下一步,超越滨崎步",乍听之下,宛如助威"依林",贬低滨崎步的宣传口号,令“步”迷急得跳脚,要求台湾唱片公司修改。因为大多数观众和听众觉得如果把“1”“0”分开念时,其谐音似乎影射到蔡依林,以致引起“步”迷情绪反弹,也有 Jolin 歌迷乐得在网络留言“依林下一步,超越滨崎步”。

至于大部分“步”迷的反应,通过广播听到,原本以为是 Jolin 的广告,竟发现其实是滨崎步的广告,感到气忿不平,希望尽快修改广告词。

对此,广告商表示:“没想到会掀起这么大的波澜,这则 10 秒钟的广告,原本是想要制造神秘感,因为是滨崎步出道 10 周年后第 10 张原创专辑推出,所以广告词强调‘出道 10 周年,超越自己,滨崎步’”。

当滨崎步出道迈入第 11 周年之际,展开全新挑战,她的造型上也有了很大的突破,“刘海”的发型变得年轻可爱。

资料:《世界日报》

2—23　另类海报选萃

(1) 另类族群融洽海报

资料:法新社

由于族群的文化差异,“你看是花,他看像刺”,很多让人遗憾的误会,其实是由于刻板的成见或是缺乏文化敏感度所导致。

(2) 另类海报表现——美颜愈掩愈惹人看

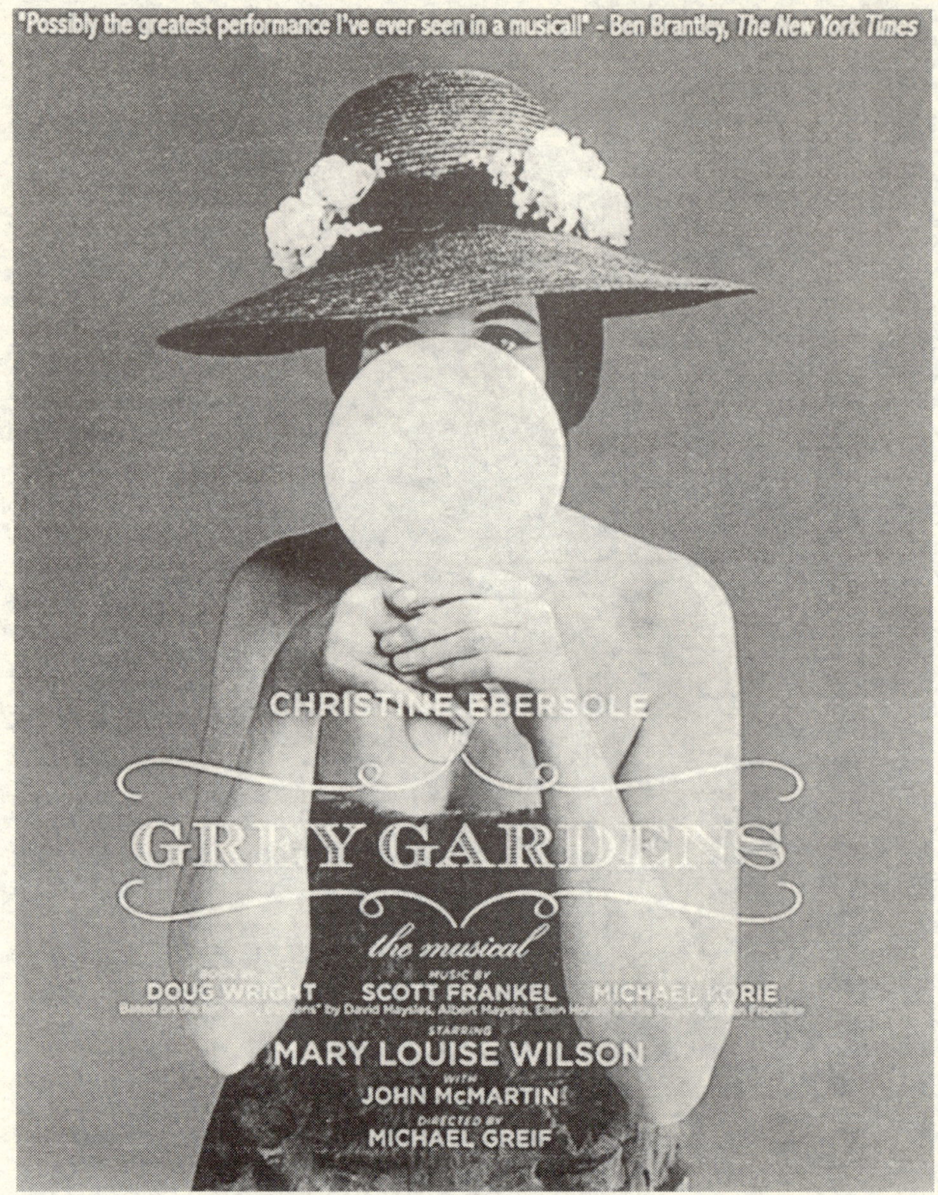

资料:陈炜智收藏

“庭院深深”印刷媒体海报作品。

（3）另类海报设计——以白色展现纯净与优雅

资料:CHANEL 广告

白色是纯净与优雅的表征,白色与 CHANEL 有着密切的关联。利用玻璃纤维精心打造白色立体雕花,真是美上加美。

(4) 另类牛奶海报——母子同亮相

资料:美联社

牛奶广告,如果是婴儿专用奶粉,由婴儿作演员(talent)是毫不稀奇理所当然的事,即或母子一同在广告中亮相也无可厚非。如果是国际知名的大明星,尤其以其初生婴儿一同亮相,却成为茶余饭后闲话家常的话题。

(5) 另类歌舞演出海报——如梦似幻

资料:取材自《世界周刊》2008.10.26

"仙纳度的狂热"歌舞在百老汇演出时之宣传海报。在设计上虽以"对称"手法表现,但蔚蓝的色调,令人感到如梦似幻十分抢眼。

(6) 另类海报设计——法国海报设计首奖

资料:《世界周刊》

这幅海报,以两枝毛笔,一枝梨花和一个"风"字,构成"久违了,东风"的海报,大量留白,表现出"活色生香"、"秀色可餐"的言外之意,再配上一个"风"字,快意淋漓的意象,被誉为最美丽的海报,以"简洁"博得评审青睐,夺法国海报设计比赛首奖。

(7) 另类政令宣导海报——呼吁对抗地球暖化

资料:美联社

洛杉矶市宣导对抗地球暖化的展览海报。

(8) 另类大特写海报——美臀诱人无人了解

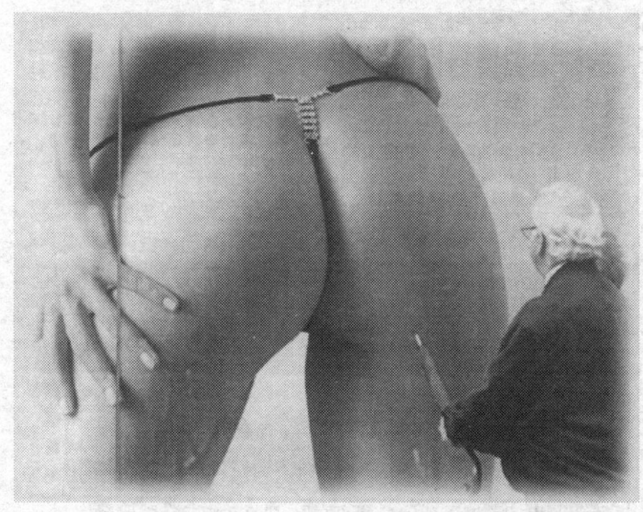

资料: 美联社

在德国杜塞道夫的大街，一家时装店挂起一幅极为诱人的“美臀 T—Back”特写海报，一名路人好奇地以雨伞指着海报，形成一幅谐趣的画面。但这幅海报毫无只字片语，不知广告的目的是什么，令人不解。

(9) 另类奥斯卡金像奖海报——以小金人为主角

资料: 取材自网络

第 18 届奥斯卡金像奖海报，本届的海报设计依旧以小金人为主角，背景为颁奖地点——金碧辉煌令人耳目一新，海报色彩以金色和暗红色为主。

(10) 另类海报表现——以拳击手造型的泰迪熊做主角

资料:《世界日报》取材自美通社

泰迪熊公司为情人节(Valentines)特别推出拳击手造型的泰迪熊礼物,送给心爱的情人。海报上的广告词是这样写的:"终极情人熊:你令人倾倒!"

(11) 另类大型海报——以两只健康的大猪为主角

资料:欧新社

德国汉堡市举行世界猪医疗健康会议,一名工人正在清洁会场外的大海报,篇幅之大,可以想见。

(12) 另类海报设计——由真人变卡通

资料:《世界日报》

韩国 Big Bang 团体,变身 Big Bang 为卡通式的网站已开始运作。网站记录这五人出道以来的多种造型,又连载他们的漫画故事,在暂别韩国乐坛前慰藉乐迷。

(13) 另类电影海报——“月光集市到中国”

资料:《世界日报》

由美印港合拍的《月光集市到中国》海报。

(14) 另类海报设计——宣扬中国民间故事《西游记》

资料:取材自纽约举办说故事接力活动单位资料。

美国著名故事家(Storyteller)沃尔克斯坦(Daine Wolkstein),对中国四大名著之一的《西游记》产生浓厚兴趣。他说,《西游记》蕴含了很多为人处世的哲理,其中他最爱孙悟空这个角色,因为他要调和师徒四人间的矛盾,联合对外抗敌,保持对内团结,最后成功走到西天完成取经的大任。

(15) 另类海报制作——展现手绘技法

资料:《世界日报》征得郎朗提供

上海世博会,规模之大,展览国参与之多均属空前。世博海报以手绘技法,将三位形象大使——成龙、郎朗、姚明,描绘得惟妙惟肖,十分耀眼醒目。

2—24　另类健身房广告——恰似美国护照

当我在信箱中发现这本类似美国护照的小册子时，把我吓了一跳，这是何人护照丢在我的信箱里？仔细看看原来是一家“健身房”的广告花招。这种令人惊奇的做法，正是广告学里所谓“AIDMAS”原则中的 A，即任何广告首先必须引起视听众的“注意”Attention。这是广告成败之关键，对广告能否达到预期成效，是广告设计者设计广告时必须考虑的。

资料：从散发广告的小册子中，获得此资料以仿照“美国护照”作广告小册子封面的图片。

何谓 AIDMAS 原则？

A(attention)使之注目；I(interest)使之发生兴趣；D(desire)使之产生欲望；M(Memory)使之记忆；A(action)使之采取行动；S(satisfaction)使之满足。

以上发挥广告功能的六个过程，就是所谓 AIDMAS 理论基础。

再看这本小册子内页，除编排一些健身项目外，另有各种形式的印鉴加盖在小册子的内页，模仿关卡人员的作为，惟妙惟肖有模有样，设计者之构思创意可圈可点，堪称设计界之高手，亦不为过。

广告小册子内页之一

广告小册子内页之二

2—25　广告小册子设计

册子(booklet)或小册子(pamphlet)系指低廉薄页的印刷品，其内页除构图外，还需要高度的编辑技术来设计小册子(brochures)。设计小册子首先要突显中心主题，用各种形象或象征符号(symbols)来表示，引导读者不致感到厌烦或不知所云。下面介绍美国一家 comcast 有线电视台的小册子。

资料:comcast 宣传小册子

以"欢迎迈往数据世界"为标题的 comcast 封面设计。

资料:comcast 宣传小册子

comcast 内页设计,以电视遥控器作为电视节目播放之时间指针。

2—26　另类店面设计——三维空间艺术

店面广告(point of purchase advertising)简称 POP 广告。店面经过设计，称之为店面设计。

店面设计，亦属于广告行销范畴，一个事业不论规模大小，对外传播要靠广告，对内则要注重店面布置与设施，所以店面设计属于专门行业。要以全新的设计观点，打造空间美术使店面焕然一新，令顾客趋之若鹜，乐于光顾。

所谓店面设计，包括室内设计、橱窗设计、灯光设计以及展示柜、陈列架等之设计。

店面设计流程：先派专业设计师到现场，深入了解客户的要求和预算。经多次沟通后，提供整体设计图样，包括室内位置安排、展示柜用料、电源开关的位置、陈列架、灯光等安排，以突显商品特质，然后再提供完整的立体效果图、平面图和施工蓝图。签好合同后，客户可以预先了解竣工后的全貌和预算细节。然后把在直属工厂内制作的所有设备，交由专业安装部门前来安装。至此，一个崭新的店面就呈现在店主的面前。

店面设计随时代演进，有所谓装置艺术(Installation Art)，此一新颖艺术的特征，类似 20 世纪 60 年代倡导的"集合艺术"，只是集合艺术还停留在材料的布置上，而装置艺术的 Installation，是借用了一个工业用词，包含"安装、装配"的寓意，打破了过去门派之间不可逾越的界限，综合地运用了文字、图像、音响、录影和实物等多种媒介。在三维空间内营造出一个具有特殊意义的"情境"，其表现的形式和内涵，比"集合艺术"丰富得多，它并不是对生活场景的单纯表现，而是传达某些观念或意象，勾起人们的观感或思索。

换言之，装置艺术是生活经验的一种延伸和提炼，其中的观念与当代社会有密切关联，而体现了当代文化多元的复杂性。

2—27 另类店面设计——新面目求竞争

资料:美联社

这个位于弗吉尼亚州瑞其蒙市的一家电脑零售店,为了与竞争对手作区分,采取新装饰与灯光系统。但店面只有过去的三分之二,力图给消费者一种全新感觉,且已见成效。

资料:取材自苏荷店面图片

PRADA全球四大世纪店之一的纽约苏荷店店面设计,陈设如同艺廊,可自由调整柜位和在店内举办文艺活动。

2—28　另类橱窗设计——以创意制胜

橱窗(show window)是百货零售业商品促销的主力媒体之一。其设计构想如何,攸关商品销售之业绩,所以橱窗设计对商品促销之重要,可以想见。

一般橱窗设计大都展示商品,但纽约闹市之橱窗,无不偏重创意。以纽约市曼哈顿第五大道为例,每逢购物旺季,各家争相在橱窗上下功夫。例如 57 街上空的巨型雪花灯,闪烁灿烂,十分耀眼。xoxo 把橱窗当剧场,聘请名模宽衣解带,引起路人注目。梅西百货的橱窗,其展示主题是让路人写信给圣诞老人,民众可通过现场操作仪器写信,同时看着信件由一个橱窗送到另一个橱窗,最后到圣诞老人的手上。以上这些富有创意的橱窗无不以"创意"出奇制胜,真可以谓为另类橱窗了。

资料:世界周刊

纽约第五大道十字路口上空悬挂的雪花霓虹灯十分耀眼。

资料：世界周刊

纽约第五大道 38 街的 xoxo 把橱窗当剧场，请名模现场表演，引来众人目光。

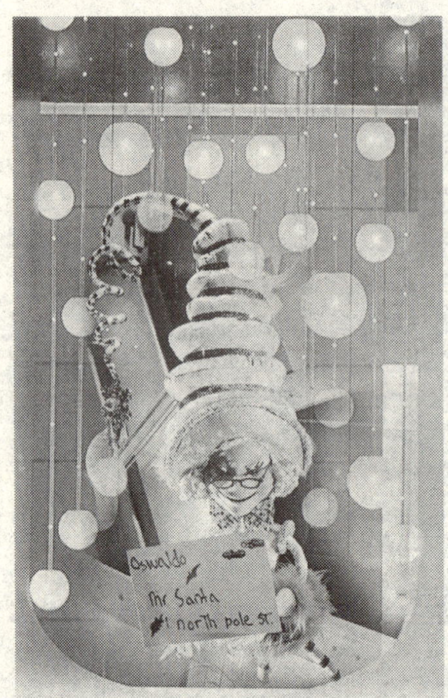

资料：世界周刊

梅西百货的橱窗呼吁观众写信给圣诞老人。

资料：世界周刊

Lord & Taylor 的艺术性橱窗，制作华丽栩栩如生。

2—29　另类原始传播——人工散发传单

时至今日，所有广告传播大都动用各种媒体，唯"传单"广告可谓另类，无需动用媒体，多由真人沿街分发。据《广告大辞典》记载，溯自16世纪就盛行传单广告，因为制作简便，费用较少，适合小店铺传播用。

在广告学里，其学术名称不一，例如Broadside、Circular、Handbill等，均指在街头分发之单张小幅印刷广告。

资料：传单广告

麦当劳传单广告封面，其内页附折扣券，促进销售。

2—30 传单夹页——雀巢咖啡广告

资料:传单夹页

黑色衬底,凸显妙龄女子喝咖啡的美姿,令人垂涎。

2—31　另类传单广告——您不必到户外享受

坐在家中就可享受身在郊外般的新鲜空气。

资料:传单广告

BINSKY HOME 公司空气清洁机广告,强调其产品具有过滤空气的功能。

第三章　广告与艺术

3—1　现代人应有的内涵——艺术观

何谓艺术(art)？艺术在人类创造活动中，乃产生美的意识之总称。凡是学广告的，从事广告业务的，不但对艺术要有创造的能力，更要有欣赏的内涵。因为艺术牵涉的范畴甚广，任何事物都要讲究艺术，尤其广告界更应了解艺术，因为"广告等于艺术加科学"(广告＝艺术＋科学)。

纽约后世纪画廊举办世界后世纪艺术展，由著名艺术家后代组成的"新蓝骑士"团体，以各自独立的个人艺术风格，向世人宣告"艺术价值"。

蓝骑士是20世纪初一群艺术家发起的运动，不提倡某一种艺术风格，而强调艺术精神的"内在必需"，进而创造丰富的多样性，以创新的视角向世人发声。

资料：纽约后世纪画廊图片，简一夫先生纽约报导
康定斯基作品"我不想成为俄罗斯艺术家，我要成为中国艺术家"。

3—2 广告艺术大剖析

人类艺术的起源,是从模仿自然开始的。例如绘画是对自然外形的模仿,戏剧是对人物行为和感情的模仿。不论模仿得像或不像,可以在真假中比较、揣摩和发挥。以绘画技巧而言,模仿得越像,难度就越高,如果达到以假乱真的地步,在绘画领域里,那就是凤毛麟角,旷世英才了。

以上所述只是写实技法所能达到的效果而已,如果画家能善用它那表现的技法,来表现它那更深刻崇高的内涵,那么它的价值就更高了。换言之,写实技巧的本身不是艺术的目的,而是一种工具。最难的问题是:“用绘画技术表达什么?”如果把绘画技术应用在广告表现上,那就要以绘画技法来感动消费大众,以幽默的笔触来激发广告视听者的兴趣,以艺术家对生活的体验来决定其表达方式,进而促使购买行动。

毋庸置疑,广告是一种艺术,尤其处身于高度文明社会的人们,放眼望去,五光十色的户外广告,图文并茂的平面广告,影音迷人的电视广告,无一不涉及艺术,生长在讲究艺术的时代、不懂艺术,势必与文明步伐脱节,而从事广告业务的人,不懂艺术终必被淘汰。所以重视艺术,对艺术深入探讨,既迫切又必要。

谈到艺术,20 世纪后期兴起的“观念艺术”(Conceptual Art),它是靠脑力激荡产生的一种最新形式的艺术。它不是一成不变的风格,而是一种思考,“玩点子出奇招”是其中精髓。这是一种重视批判的精神,反叛因袭既定的表现模式。要借助思考重新检视艺术本质,问题是观念而非某种具体形式。

一般而言,观念艺术有四种表述方式:

(1) 把现成物品称作艺术,进而否定艺术的独特性和艺术家亲手操作的必须性。

(2) 作品直接以记录图表或摄影等文献来表达。

(3) 将图像、文字或物件置于一个出乎意料的环境,当作突出品,借以引起人们关注这一环境。

(4) 以语言形式的文字呈现出观念。

下面介绍几个有关观念艺术的实例,让你了解什么是“观念艺术”。

当马格利特搞颠覆创作时还没有“观念艺术”这个名词,到了 20 世纪 60 年代新一代艺术家利用观念策略,阐释对世界的体验,创作者从“什么是艺术”开始,经过否定或怀疑,再检视超越的可能性,“观念艺术”于是诞生。

资料:《世界周刊》

马格利特画的"形象的叛逆",在烟斗下方写了"你看到的不是一只烟斗",你看到的是一幅画,不是吗?

观念艺术像多数当代创作一样没有绝对的公认定义,大体上它被视作对现代主义关注形式风格的反动,企图将艺术导向对哲学、语言学、社会科学和大众文化方向思考,认为创作应以观念至上,物质退居其次,艺术通过观念析述,而非靠形状、颜色或材质构成。

1965年美国艺术家约瑟夫·柯史士(Joseph Kosuth)发表"一和三把椅子"成为观念艺术的范本。这件作品包括一把真正的椅子,一张椅子照片和字典对椅子定义的文字说明,会成为一个"文献",提出什么是椅子?什么是艺术?什么是表达的这一连串反思。

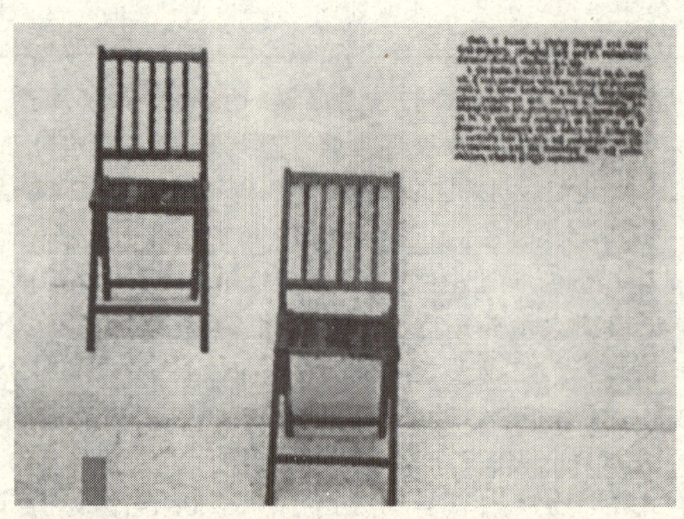

资料:《世界周刊》

约瑟夫·柯史士的"一和三把椅子"是观念艺术的范例。

美国女艺术家芭芭拉·克鲁格(Barbara Kruger)关心当代变化多端的消费情境,以影像搭配强悍的,仿效广告语句的大字报来提出思考。她的系列作品,"买或不买"、"我买故我在"、("买我,我会改变你的生活"),都直接触及商业社会销售和购买两端等问题。

资料:《世界周刊》

芭芭拉·克鲁格关心当代变化多端的消费情境,以大字报形式剖析女性心理。图为她的"我买故我在"。

观念艺术存在的意义在于观众的头脑参与,当代艺术创作虽未必都挂着观念艺术的招牌,但其内涵却常与观念脱不了关系,所以说成功何必在我。陆游有首词云:"零落成泥碾作尘,只有香如故",这首词蕴涵着感觉的重要,所以观念艺术,要凭每个人的感受。

至于观念艺术和广告的关系,"观念"一语本来像哲学用语"概念"之意,此一用语盛行于美国广告界,像20世纪60年代左右。当时广告界常说:"这个广告是否有Concept(概念)?"也就是说"这个广告是否有打破一般大众既成概念的想法?"所以说具有Concept的广告才是上乘之作,才会备受重视。

3—3　够格的Designer——须具备鉴赏艺术能力

在人类创造活动中,艺术(art)是产生美感意识活动的总称。而在艺术范畴里有所谓美术(fine art)领域,包括绘画、雕刻等视觉活动。

创造活动的主要动力,以想像力为核心。换言之,艺术家(artist)对外界反

资料:取材自陈永秀作品

艺术家陈永秀,按石头造型作画。诗情画意,别具一格,堪称另类艺术。

应所产生之感受、印象,以想像力予以综合表现,即产生艺术上的各种创作。

艺术作品有时间与空间、动与静之分:建筑、雕刻、绘画等造型艺术属于"空间艺术"。音乐、文学等属于"时间艺术",舞蹈、戏剧等属于"运动艺术"。

由此观之,凡事入眼皆可成为艺术。至于广告艺术,在广告表现中,除以广告文案(copy)传达外,更以美工(art work)为传播之利器。而美工所涉及之内容尤为广泛,例如插图(illustration)、照片、色彩表现、电视画面构成字形设计(lettering)、绘画文字(pictograph)等。而主宰这些要素者,就是广告设计人员(designer)。

所以从事广告工作者,必须懂得什么叫作艺术,尤以广告设计人员不但要彻底了解艺术,更要具备鉴赏艺术的能力。因为广告艺术涉及广告效果,其重要性非同一般领域所能比拟。

资料:*Princeton Magazine* August 2009

这是埃伦·吉尔伯特(Ellen·Gilbert)"艺术科学"(*The ART of science*)一文中之插图。如何诠释观感各异,全凭广告设计者以艺术的视野来评价。

3—4 另类广告设计技巧——波普艺术表现法

波普艺术(Pop Art)始于20世纪50年代,为给美国艺术界带来极大冲击的一种通俗艺术,这种艺术,即所谓大众艺术(Popular art),大众艺术与从前的艺术概念不同,是一种一反媒体印刷物形象的艺术表现法。插画的通俗风格再度回到大众媒体之中,取代艺术性的是日常性以及世俗形象再发现的趣味性。以明亮的原色为基调,对可塑性高的日常视觉世界充满着奇妙的憧憬。

下边是波普艺术画作的过程:从儿童实际照片到幽默镜头,由所谓"戏画"(caricature)再改画成"线描"(Line Drawing),线描技巧包括:精细的线条、柔和的线条、粗线条、硬线条以及粗细对比线条等方法,最后改画成波普艺术作品。

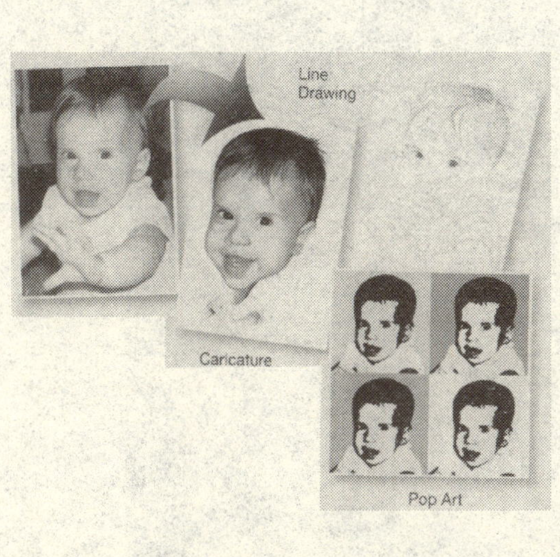

资料:wallgreens药房传单广告

波普艺术制作过程。

资料:《世界周刊》

波普艺术家安迪·沃荷的格瓦拉像。

3—5 另类广告艺术——毕加索的艺术内涵

广告就是一种传播,传播所要广告的商品,传播企业的经营理念。总之,广告要能充分地把所要传播的内容，能充分地向目标市场传播，那就达到了广告的目的。

一般而言，传播的手段有两种方式：一为文字语言，另一种为图画影像，以图画而言，要独特要创新，要与众不同，而一代艺术大师毕加索的画风就独树一帜，与众不同，要能运用在广告上，定能博得大众的青睐，发挥较大的广告效果。

殊不知这位当代艺术大师，一生没到过美国，不过他的艺术和生活，仍然跨海启发了一代又一代的美国艺术家，对美国艺术家造成深远的影响。所以毕加索就如同现代艺术殿堂的守门神，所有人要进入这个神殿，都不能不在他面前低头。毕加索不但创作力丰沛，而且风格多变，他这种勇于挑战自己的精神对后辈

资料：惠特尼美术馆典藏

毕加索的“白衣女子”(1923)。

艺术家的启发，甚至大过他的作品本身。

毕加索从1910年开始，他的画风，已经转向新古典主义，他的作品“白衣女子”，构图充满了古典画的对称完整的和谐精神，以强烈的写实技法，直接与观赏者对话。

到了20世纪40年代，美国艺术才真正走出一条全新的道路。像高尔基(Gorky)、史密斯·德库宁(Smith · de Kooning)，都从毕加索的强烈线条和颜色中获得启发，往抽象表现主义的方向大步跃进，绘画不再具有反映现实的目的，而是通过个性化的笔触，让颜色去直接表现艺术家的心相，充满自由与解放，仿佛是进入一个色彩的花园，让人眼前为之一亮。

随着科技和资讯的发展，20世纪的艺术演进，从现代主义、后现代艺术，到今日的前卫创作，百年时间，艺术的演变超过了过去千年的总和。

前卫艺术尤以抽象为主轴，抽象艺术是源起于第二次世界大战前的艺术运动，是一种非直接描绘自然世界，认为写实模仿充满框框，主张以主观全自由来表达创作。康定斯基(Wassily Kandinsky)是肇始人物。

资料:《世界周刊》

康定斯基的“第十乐章”采用了剪贴表现，色彩鲜丽，带有活泼的音乐感受。

广告是科学，利用现代科学方法，可以一窥消费者内心的奥妙，广告是艺术，这更是人人皆知的至理名言。广告人尤其从事美工者，必须具备艺术的素质，能鉴赏艺术，品评艺术，从而创造艺术，更进一步将艺术融入广告表现之中。

3—6　另类艺术——超现实拼贴

一般人在欣赏泰勒(Maggie Taylor)作品时，会疑惑这到底是绘画还是摄影？这些由诡谲光线所铺陈出的场景、动物和人像混合的构图，以及漂浮在空间里的种种物体，使观赏者被超现实风格所吸引。

泰勒以数码影像艺术而闻名，她专注于拍摄黑白风景和肖像。并用扫描仪代替照相机作为创作的主要工具，用生活中的零碎影像，创造出令人如痴如

资料：网络图片

泰勒作品。

醉的作品。

与超现实拼贴相对的则是现实逼真的艺术，达·芬奇笔下的“蒙娜丽莎的微笑”，逼真得惟妙惟肖，眉毛稀疏到几乎看不到。

泰勒的拼贴诡谲艺术，其巧妙在于构图主角与配角之趣味性，例如两只神气的小猫，前边站着一只手持红旗的老鼠。再如一只翱翔空中的飞鸟，两脚系带鸟卵等。

资料：美联社取材自网络图片

这到底是绘画还是摄影？欣赏泰勒作品时的疑惑。

3—7 达·芬奇笔下的蒙娜丽莎的微笑

资料:法新社、路透社

在达·芬奇笔记中发现的达·芬奇画像。

资料:网络图片

世界名画达·芬奇笔下的“蒙娜丽莎的微笑”。

资料:美联社

悉尼为庆祝一年一度的“岩石区咖啡节”,用3 604杯咖啡,拼成达·芬奇名画“蒙娜丽莎的微笑”。每杯咖啡里加的牛奶量不同,制造成深浅不同的层次感。广告设计者要在创作当中发挥创意,除咖啡外,任何物质均可试用。

3—8 另类艺术——似花非花犹如雾中看花

这是一幅超现实的艺术画，看起来似花非花，真是雾中看花越看越糊涂。其实画中是一对情侣在拥吻，描述 e 时代婚姻关系，时至今日男女真正平等，婚姻和后代成了人生的选项，女性想生就生，不想婚就不婚，婚不婚、生不生的自由真是得来不易。

这幅看来似花非花的另类艺术，对广告设计者的启发是：你利用摄影镜头和灯光的投射，就能拍出千变万化的画面，当你鉴赏时，你可凭想象和对艺术的素养来诠释它的真正内涵。

资料：取材自法新社

3—9 踏青与红蛙为主题的艺术作品

资料：大泽人设计

大泽人以这幅“踏青”图，表达对故乡山东莱州清明踏青习俗的美好记忆。

资料:《世界日报》副刊

袁金塔作品，以"红蛙"为本图主题，笔法精湛，妙趣横生，堪称一绝。

3—10 广告与漫画

正统的印刷媒体广告，少不了图片和文字，但这种传统的诉求方式，已引不起消费者的关注，更谈不上广告效果。所以广告设计者别出心裁开始用漫画方式以逗趣的绝招，来引起阅读者的注意与兴趣，因而产生关注欲望，进一步采取购买行动。

所以漫画广告(comic strip advertising)由于诉求内容单纯，幽默滑稽，容易被阅读者接受，在美国用漫画设计广告，行之有年，而且越来越受重视。

漫画方式的广告，何以如此流行？因为漫画一目了然，通俗易懂，生动活泼、言简意赅，使读者既能从亦庄亦谐中获得轻松，又可从针砭时弊中领悟教益。在外侮入侵多灾多难的年代，漫画家们以画笔作刀枪，发挥了功不可没的作用。

2008年全球遭逢金融海啸，经济普遍萧条，唯有漫画产业却一枝独秀，这说明了漫画使人们空虚的心灵获得滋润。而漫画广告最能刺激消费者对广告的注意力和消费信心。在广告表现上用漫画方式可谓一大突破，实为挽救经济萧条的灵药良方。

"漫画"最早见于清朝乾隆年间，不过当时所谓漫画，是具有"漫而画之"、"漫不经心"、"随意乱画"之意。直至民国初年，将此类画叫作"讽刺画"、"寓意画"、

“滑稽画”、“谐画”、“笑画”等。

其后，由于印刷技术的革新及画报风行，漫画也越来越多出现在报端。当时最风行的是创刊于清光绪十年（1884 年），上海《申报》编印的《点石斋画报》。1925 年漫画家丰子恺在他发表的作品一侧，标上“漫画”字样以后，才逐渐为广大民众所知所爱。至于美国漫画家，名人辈出，数不胜数，兹以现代著名漫画家罗伯特为例，对其生平简述如下：

名漫画家罗伯特（Robert Crumb）青少年时期是屡遭欺侮的少年，他誓言要运用他的艺术天赋，来报复所有曾经排斥过他的人。然而，直到 20 世纪 60 年代，他的漫画充满嘲讽、超现实意味，才为他带来地下漫画之父的声誉。

罗伯特的漫画素材是来自人类生活深邃的荒谬感，在心灵的层面，并没有任何英雄、恶棍的区分，只是描绘现实，将人类的丑恶和真挚的一面，以讽刺的画法，深入生活实况的核心。

资料：《世界日报》

名漫画家罗伯特（Robert Crumb）的漫画作品，充满嘲讽、超现实意味。

资料:美联社

美国迪士尼公司(Walt Disney)以40亿美元和股票,收购创造蜘蛛人等漫画角色的玛佛娱乐公司(Marvel Entertainment),漫画价值之高,令人叹为观止。图为著名漫画家斯坦·李(Stan Lee)站在他的漫画作品旁。

漫画选萃

资料:取材自工商记者卫伯承先生图文

尼克频道(Nickelodeon)"你好,凯兰",是一部边看边玩、边看边想,以祖孙三代家庭为主题的影集。尼克频道是儿童娱乐频道领先的品牌,全球性多元化企业,将带领儿童展开远东之旅,认识中国文化。

资料:《世界周刊》取材自《钱江晚报》

走红中日两国的漫画名家——夏达,由她创作的漫画“子不语”连载于日本顶级漫画杂志 *Ultra Jump* 上,这是唯一一部漫画书在中国国内畅销后,打入日本漫画杂志的原创作品。

资料:《世界周刊》取材自《钱江晚报》

夏达即席画作,其潇洒飘逸的画风独树一帜,令人心悦神往。

资料: *Inside Jersey* 2009, September

音乐舞蹈广告插图。

资料: *Inside Jersey* 2009, September

米老鼠音乐舞蹈广告插图。

漫画公益广告——推崇少盐生活

资料:《多维生活》杂志

以汤匙层叠作为减盐标准,用盐越少越健康。

比利时经典漫画《丁丁历险记》

2009 年 1 月,当风靡全球的《丁丁历险记》主人翁丁丁欢度 80 岁寿辰之际,《世界日报》特刊出这幅图像。丁丁是 1929 年由比利时漫画大师埃尔热(Herge)所创造,其个性嫉恶如仇,充满正义感与实事求是的精神。帮助战后欧洲从残破的心灵废墟中重新站起。至今丁丁仍是欧洲人敬仰的大英雄。

他的冒险旅程，遍布全球，从非洲、美国、中国到月球，都有他的足迹，情节交织着奇幻和勇气，引人入胜。

丁丁散发乐观与正面的特质，他的魅力超越时空，不但多年来仍是大部分父母首选的童书，连好莱坞大导演斯皮尔伯格，也是他的书迷。许多年轻人和其父母都表示喜欢丁丁这样的朋友。

资料：《世界日报》

资料：取材自《世界日报》资料照片

脍炙人口的比利时经典漫画《丁丁(Tintin)历险记》，全体虚拟人物造型。运用3D数码特效，拍成三部曲，搬上银幕。

世界最大的漫画——丁丁奔向月球

比利时首都布鲁塞尔的布朗肯堡大广场，2009 年 8 月展示一幅号称世界最大的漫画《丁丁奔向月球》。这幅漫画面积 472 平方米，重达 350 公斤。画面中央是红白格子相间的“丁丁登月火箭”，浓厚的科幻气息与其后方古色古香的建筑形成鲜明的对比。这幅奔向月球漫画是“比利时 2009 卡通漫画年”的重头戏。《丁丁历险记》畅销全球，至今已被翻译成 77 种各国文字。

资料：法新社

布朗肯堡大广场展示一幅世界最大的漫画——“丁丁奔向月球”。

3—11　广告与涂鸦艺术

广告讲究表现，广告表现如何，攸关广告传播之成败。而涂鸦也是一种表现方式，所谓涂鸦者，是把潜在内心的意识，用图像的方式表达出来。所以近年来以涂鸦方式作广告表现者，时有所闻，何为涂鸦？涂鸦之真谛可引证斯奈德教授的分析。

由社会学家斯奈德(Gregory J. Snyder)著作的一本专门讨论涂鸦艺术的书,书中认为涂鸦者不能仅被视为破坏公物和扰乱秩序的人,同时他们也是多元次文化的一员。尽管涂鸦文化在20世纪70年代初期开始浮现,跟饶舌歌曲一样,但涂鸦文化实际上是来自世界各地不同的文化。

不论涂鸦者是什么阶级、种族、宗教或年龄,他们并没有以外表、语言或衣着来界定他们的身份,而是以他们涂鸦的作品来决定。他们的身份是涂鸦者,而与种族、宗教和族群却无关。涂鸦最纯正的形式,是热衷于"美国梦"而来的一种民主艺术形式。涂鸦文化在某方面一直代表着独特的民主,更是一种免费艺术。迷恋涂鸦的人,不需要依靠金钱、专门知识或身份,这就是为什么涂鸦文化能够启发不同族裔的年轻人,但也不容否认它也包含着违反社会秩序的成分。

涂鸦本来是西方国家特有的艺术形式,但在中国近数年也开始出现。中国的涂鸦与西方不同,它是与民众生活中的美学相关,更多地是体现时髦,把它作为一种时尚,还有以涂鸦形式做广告,所谓涂鸦式广告,涂鸦式广告之所以被重

资料:新华社

四川美术学院附近打造黄桷坪艺术街,这条老街的两侧楼面将被涂满"涂鸦之作"。图为一座居民楼的墙面被涂上了猴子形象。

资料:取材自LV广告资料

艺术大师斯蒂芬·斯普劳斯(Stephen Sprouse)破格涂鸦Monogram作品,是难得一见的"原创"系列。

视，主要在于它的幽默感和超越现实的表现。

英国的一些艺术家把涂鸦从街头带进艺术馆和拍卖行，中国的涂鸦也同样越来越多地被当作艺术品。

另类涂鸦——针织毛线涂鸦

街头艺术家除了用喷漆涂鸦，也可以用针织毛线涂鸦。英国正流行一种从美国传入称为“Yarnbombing”的美式针织涂鸦，创作出另类涂鸦作品。

下图的这位毛线涂鸦者，花了一周时间，将废弃的单层巴士装饰成七彩巴士，这也是她所创作最大的针织涂鸦作品。

资料：网络图片

针织涂鸦把巴士装饰得美轮美奂。

另类广告表现技法——涂鸦式广告

一家啤酒公司用涂鸦式的绘画来为麦芽酒做广告，这幅绘画模仿费城市府用来对抗脏乱并鼓舞暮气沉沉社区的壁画。

该幅广告显示出漫画式的人物，手握啤酒罐，旁边配上广告词：“它每次都能使你感到畅快。”这幅广告遭“消除都市脏乱协会”抗议，因为费城素以描绘著名人士著称，另外它又安置在禁止广告区域。

抗议团体表示，行销业者如果想用费城壁画来做广告，应该三思而后行，不应该低估费城居民的智慧。因为多数民众会了解到广告与壁画之间的区别。

多年前,“清除都市脏乱协会”曾与索尼公司展开类似的抗争。该公司为PSP掌上型电动游戏器设置了涂鸦式广告,由于该广告违反法规,后来该广告被抹除。

资料:美联社

啤酒公司在费城街头墙壁做涂鸦式广告,遭环保团体抗议。

另类艺术创作——专门以溶化国际名牌为创作目标

有“溶解大王”之称的法国街头艺术家泽夫斯(Zevs),为施展其创作才华,在香港中环,以渣打大厦外墙法国名牌香奈尔(Chanel)商标为创作目标,在两名男士协助下,把商标髹上黑漆并连上无数的线条,恍如名牌正在溶化,结果以毁坏罪被拘捕。

泽夫斯是法国著名艺术家,但从不以真面目示人,作品专门以“液化”国际知名商标作为创作目标。风格独特,纯属另类,其作品被称为滴流画(dripping),不少名牌商标如LV及麦当劳均曾被其当创作目标。有人将泽夫斯视为是对现代物质的探讨或倾覆,亦有人视之为涂鸦或破坏。

泽夫斯纵横各国“粉饰”各大名牌,包括德国柏林、法国巴黎、美国洛杉矶及丹麦哥本哈根等地,从事街头艺术创作,此次系首次被香港法院提起诉讼,感到失望。

资料:《世界日报》读者提供

法国艺术家泽夫斯,在香港中环,以香奈尔的商标,作为创作目标,事后被警方取缔。

3—12 另类电脑动画制作——输入文字林黛玉现身

这不是天方夜谭,如果想要制作30秒的动画广告,把你构想的故事(story)情节输入电脑,就能转化成动画广告。

这是仓颉输入法发明人、中文电脑先驱者朱邦复研发的全自动图文系统,引发一波电脑动画的新革命。

朱邦复致力于中文电脑的梦想从未放弃。他最大的目标就是使电脑了解中文,再将中文转化为图像。朱邦复所举的例子虽然以小说故事作体裁,但用于制作动画广告,亦无任何不同。

朱邦复曾以苏轼《记承天寺夜游》作动画实验,就是全程采用电脑程序完成的三分钟动画。随着文中:"解衣欲睡,月色入户,欣然起行,念无与为乐者,遂至承天寺,寻张怀民……"的文字描述。屏幕也跟着呈现文中的场景,最后通过镜头由近拉远，在一轮皎洁月光的衬托下，呈现苏轼与好友张怀民缓步而行的身影。

朱邦复相信中华文化优于西方文化，要用科学印证并实践。他研发的图文系统认为字里行间隐含生动意像的古典小说，才是最适合此种系统的语言。这套对文言文情有独钟的图文系统，连画风都是偏向古典水墨画手法，自成一套风格。

图文系统的关键技术，就是动画人物表情如何力求生动，这一点朱邦复先生曾通过网络搜寻获得大批照片，据以设计出百余位“种人”，犹如替不同角色的表情画出定装照，将正面及两旁侧面照片入档后，就能模拟在不同角度下的表情特征。通过“种人”互相“交配”，繁衍出不同特征的动画人物。

朱邦复曾改写《二十五史通俗演义》的剧本，由于剧中人物故事几乎都是从幼小到老年，图文系统也研发出“年龄自动控制”的功能。会随着人物年龄增长自动设定容貌变化。

朱邦复此一研发成果对电视广告制作者是一大福音。过去电视广告想用动画来制作，费时费力，难上加难，而且制作费高，广告主无法负担。另一最大问题，就是缺乏动画制作人才。

资料：《世界日报》

“种人”林黛玉正面侧面轮廓图。

资料：《世界日报》

“种人”贾宝玉正面侧面轮廓图。

3—13　另类卡通魔术——飞天小女警变身美少女

美国娱乐业的市场操作日益精细，为了进攻日本市场，卡通频道脍炙人口的动画《飞天小女警》，改头换面，变身成日式风格的美少女。

《飞天小女警》在日本东映动画公司的改造下，变身成为在日本电视台播放的《飞天小女警 Z》卡通片。三个飞天小女警，从原本的幼稚园小孩，变成身材修长，穿着超短迷你裙的日本国中生。

目前，亚洲成为美国娱乐公司的试验场，针对亚洲市场特性，把自家的热门卡通人物改头换面来适合当地口味。例如美国迪士尼针对华人市场推出“Cuties”系列，芝麻街玩偶在印度也有不同风貌。

资料：网络照片

华纳旗下卡通频道的当家花旦“飞天小女警”为了进军日本市场，变身成为日式美少女风格的“飞天小女警 Z”，从外貌到情节走向都有所不同。

3—14 霓虹闪烁下的白雪公主

迪士尼“白雪公主和七个小矮人”灯饰，始终受到人们的喜爱，尤其在万灯闪烁的陪衬下,如梦似幻,令人陶醉。

资料:《世界日报》

3—15 天仙配中董永和七仙女卡通造型

这一对黄梅戏吉祥物,安安(右)和倩倩(左),寓意年年平安和吉庆美满,它们的原型为黄梅戏《天仙配》中的董永和七仙女。

资料:取材自新华社

3—16　另类卡通人物素描——撼动视觉

风光一时的“可爱大街”(Avenue Q)会不会就此消失在地平线之下？把“可爱大街”关键人物和卡通演员头部排列成行，从中间切开，仅留上半部，寓意下半部沉沦在地平线下。此种表现手法，撼动视觉，对平面广告设计，有启发作用。

资料：辑自官方网站

资料：《世界日报》

五人化身游戏软件的角色人物，造型十分可爱。

3—17　动画选萃

(1) 日本著名动画“多啦 A 梦”换了新装

日本家喻户晓的动画“多啦 A 梦”换了新装，以更现代化的新装亮相。

① 大雄的红色长袖衫换上彩色 T 恤。

② 胖虎脱下长裤改穿短裤。

③ 小夫则有最 In 的青少年装扮。

④ 静香穿上吊带小背心。

资料:《世界日报》

（2）动画电影偶像

《鼠来宝》

资料:路透资料照片

《公主与青蛙》

资料:网络图片

《风中奇缘》宝嘉公主

资料:网络图片

《埃及王子》

资料:网络图片

梦工厂《怪物史莱克》

资料:网络图片

3—18 另类广告表现——塑造个性卡通

在广告表现上,有所谓角色性插图(character type illustration),这种插图本身具有强烈的诉求力,常以卡通漫画作主角,在广告里演出。因为以卡通漫画作广告主角比实际真人更有亲和力与共鸣感。可是如果广告主角个性过强,而广告曝光率少时，对广告所诉求的商品却易被埋没，毫无广告效果，这是企划广告者所应牢记的。

在广告学里有所谓具有特性广告人物(character)，这种人物通常取代插图活跃在广告里，由于它具有特殊个性，广告企划人员企划广告表现时，如能善用这种特性广告人物必会加深观(听)众对广告产生亲近感和一贯性，更能提高商品的差别化。

以孩童和年轻阶层为诉求对象的 M&M 巧克力，在业界之所以独占鳌头，稳居榜首的主因，就是它那“只融于口，不融于手”这个脍炙人口的口号和具有个性的卡通造型。因为 M&M 的卡通造型在广告表现上十分逗趣而别具一格，尤为儿童所钟爱，其独特风格沿袭多年于不坠。

现在介绍两幅以卡通人物作主角的 M&M 巧克力的广告表现：

① 以巨额奖金征选你心目中的 M&M 卡通人物——广告上方陈列五个不同颜色、不同表情、不同手势，但均有 M 字样，具有特性的卡通人物。上网站选就有赢得 50 000 美元奖金的机会。

资料：夹页广告

以巨额奖金征选你心目中的 M&M 卡通人物。

② 推介 M&M 新产品——M&M 牌冰淇淋。广告中两个 M&M 卡通人物在雪花纷飞的背景中，不畏凛冽寒冬，逍遥自得。寓意 M&M 冰淇淋清凉可口。伴 M&M 饼干食用，风味绝佳，百食不厌。

资料：夹页广告

推介 M&M 新产品——M&M 牌冰淇淋。

3—19 漫画家心目中的演艺名人漫画造型

在北京奥运会上仰天高歌的著名歌手莎拉·布莱曼与刘欢的漫画素描，惟妙惟肖，十分传神。小品名角赵本山，在每年春节晚会上演出，全场震撼，掌声如雷，演出技巧无懈可击。由于这三位演艺名人均为本书作者所钟爱，特向读者介绍，与大家分享其演艺魅力。

广告表现有所谓利用漫画插图，制作漫画式广告，这三位名艺人漫画造型，值得参考。

资料:新华社

歌唱家刘欢和莎拉·布莱曼。

资料:《新象周刊》

小品名角赵本山。

3—20　大诗人李白和小和尚释戒嗔卡通造型

犹太裔设计家史蒂芬·凯派林(Stephen Kaplin)设计木偶作品《李白》,手握酒瓶,颇有古诗人吟诗饮酒优游自得与世无争之气概。外国人对中国文化了解如此透彻,极为罕见。

资料:取材自中国戏剧工作坊

资料:《世界日报》

另一卡通作品，系网民为释戒嗔绘制的卡通形象。释戒嗔这位网络有史以来最红的小和尚，在网上开“白粥馆”、讲故事，被誉为最抚慰人心的表征人物。

李白和释戒嗔这两位著名人物的造型，设计者全凭平素对两位人物的想像，广告创意来源多凭想像，特纳入卡通造型范畴，或有助于广告设计之参考。

3—21 岳敏君成名疯笑形象作品

广告学里有所谓 AIDMA 原则①，本此原则从事广告设计虽不中亦不远。

作者特将岳敏君成名疯笑形象作品，纳入本书之中，主要目的在于广告设计引用此类插图，至少可以达到 AI 两种效果。

也就是 Attention 注意和 Interest 兴趣两种效果。

资料：《世界日报》

岳敏君对着天鹅摆出射击姿势的笑“画”，对天鹅威胁意味浓厚。

---

① AIDMA 原则其含义为：A（Attention）引起注意；I（Interest）产生兴趣；D（Desire）培养欲望；M（Memory）形成记忆；A（Action）促成行动。

资料:许振辉提供

“玩世现实主义”代表人物岳敏君成名疯笑形象作品。

资料:新华社

一名游客在北京 798 艺术区观赏疯笑形象的雕塑作品,欣赏之余,很有“艺”思。

3—22 《飞屋环游记》动画片中的中国宝宝造型

《飞屋环游记》创下戛纳影展首次以动画片开幕的历史纪录。还少见地以亚裔小男孩为重要主角。这部动画片深层的主题，围绕着梦想与遗憾、承诺与勇气，串上花样百出的动作场面，是一部地道的感人肺腑的冒险剧。

动画造型对广告动画设计有启发作用，从不同造型可演绎出另类创新动画作品。

资料：取材自皮克斯(Pixar)动画公司

资料：《世界周刊》电影世界栏

《飞屋环游记》创下戛纳影展首次以亚裔男生为重要主角。图示可爱的中国宝宝动画中的造型。

3—23　插图选萃

插图(Illustration)是广告设计者,为达到视觉表现效果,最常采用的有效方法。广告插图与纯粹绘画、造型艺术不同,它是为了达到传播的目的而用的,广告插图好坏攸关广告表现成败,从事广告视觉设计者不可不慎。以下特选精彩插图作品数帧,借作参考。

(1) 梁铭毅作品

资料:《世界日报》

梁铭毅素描作品,构图优美,线条细腻,久赏不厌,堪称杰作。

(2) 川页王京作品

资料:《世界日报》

艺术家川页王京作品,以鲜花美女为素材,滚滚泪珠,欲坠还休,色调优美,层次鲜明,引人入胜,插图之功能,发挥无遗。

(3) 想乐作品

资料:取材自《世界日报》(2009.5.23)想乐作品

创意在于花蕊中出现各种动作之“怪人”造型,点缀其中活泼生动。

（4）庄惠文作品

资料：取材自《世界日报》庄惠文插图作品

3—24　中美法三国书法艺术

在广告设计时，为发挥最大的广告效果，所用文字不用铅字或照相打字，而用手写(Lettering)，使其具有特性。如图案文字(Logotype)、口号(catch phrase)等。所以广告文字如何，对广告效果影响甚大。

中国现代书法艺术家魏立刚是传统规律的叛逆者，从他的书法作品中可以看到他对中国书法本质的坚持，还可以察觉到他从书法内部展开的革命。

魏立刚说在传统的书法中，文字是现成的堆积，而在他的作品中，文字内容是个性化的生命碎片，汉字不再是表情达意的实用工具，而仅仅是单个的视觉元素，是足以引起观赏者联想的符号，从而极大地开拓出书法与汉字关系的艺术潜能。

资料：网络

魏立刚作品，将数学与书法相结合。

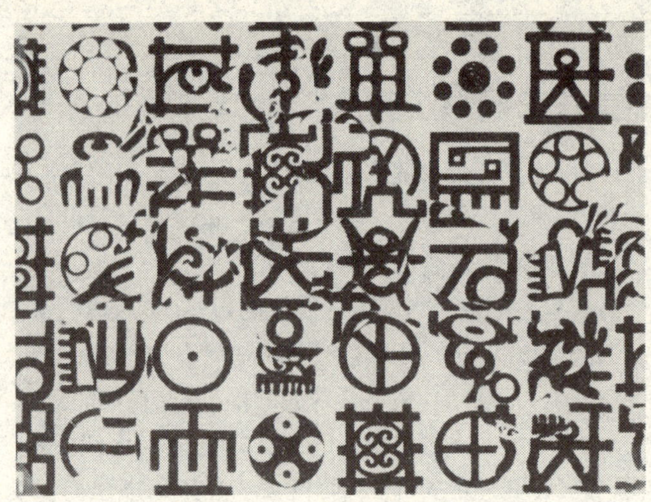

资料:取材自 *Jersey* 杂志

美国纽瓦克博物馆广告插图,类似魏立刚先生作品。

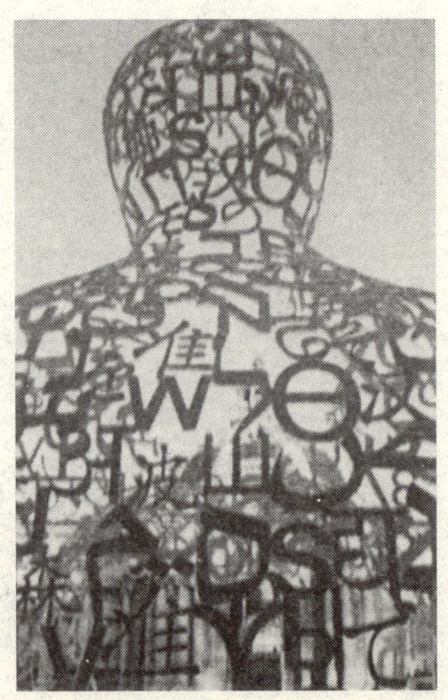

资料:法新社

第十一届"艺术巴黎"国际艺展,在巴黎大皇宫圆顶厅举办,展出来自全球115个艺廊的作品。这是西班牙艺术家普兰沙的雕塑作品《我们》,以各国文字连结而成,正中央有个醒目的中文字"准"。

第四章　名称与口号

4—1　企业成败关键——名称好坏

命名(naming)系广告公司日常工作之实务，命名对企业行销十分重要，系企业发展之第一步，命名成败，攸关企业之发展至巨。

在行销中需要命名者，大约有以下三方面：即①公司名、商店名；②商品名、品牌名、劳务名；③促销活动及大拍卖名称等。

命名有所谓“五易”原则：易读、易写、易记、易懂、易说。合乎“五易”原则所命名的，必属上乘之作。

资料：《世界周刊》

SUBWAY 是美国连锁速食店，进驻中国命名“赛百味”，音韵及意义，十分吻合，堪称杰作。

此外，一个好的名称，必须容易传播、适合传播。否则，就不能发挥预期效果。尤其在行销传播中，通常以广告作传播手段，所以也要顾及所命名之名称是否适合广告传播。换言之，名称要有情感，商品名要能激起消费者的购买动机，商店名要能引起消费者爱顾意识，在人们心中激起对他有利的情绪。因此，命名时必须注意：①意义；②用字种类及字体；③音韵感；④联想，以上四项是评价命名良否之重要指标。所以一个好的名称要有特点，要与众不同。

命名系广告公司正常业务，创作时，多以动脑会议（Brain Storming）方式进行，集思广益，常有非凡杰作。

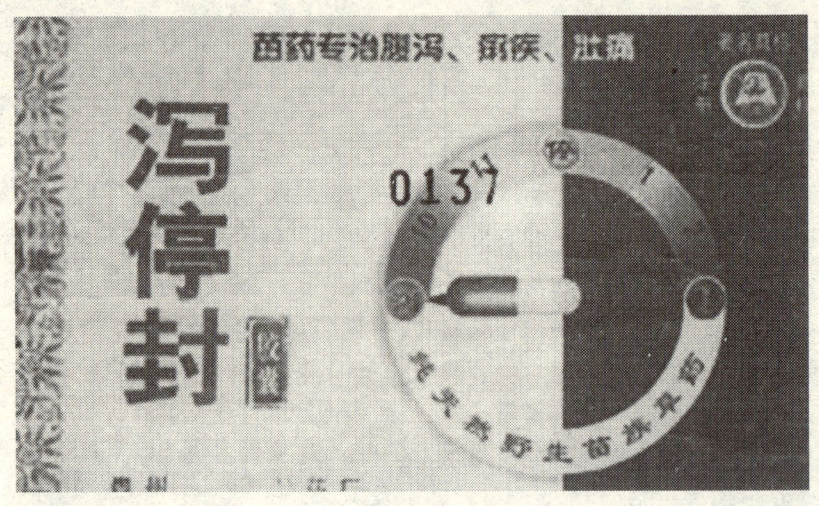

资料：《世界日报》

北京同仁堂，出品一种止泻中成药，命名"泻停封"，与香港名歌手谢霆锋发音相同。加上止泻效果不错，成为热销药。购买者多为年轻消费者。

4—2 可口可乐成名故事

2008 年是美国建国 232 年，可口可乐则有 122 年历史，堪称当代美国最具代表性的饮料。

提到可口可乐不能忘记潘米伯顿博士（Dr. John S. Pemiberton），他是一位杰出的药剂师，他研究出一种掺有葡萄酒的提神饮料，正要量产上市时，亚特兰大地区颁布禁酒令，无法通过检验，潘博士只好调整配方，去掉酒精成分，以古柯（coca）及可乐果（cola nuts）取代，并加些糖分，取代酒的甜度。

配方调整后，将配制好的新产品，送交邻近的贾科巴药店（Jacobs Pharmacy）试销，以每杯5分钱的价格零售。

这款提神饮料，经口耳相传，销路极佳。潘博士虽兴奋不已，仍一再潜心研究，继续开发其他产品，并将此款饮料命名可口可乐（Coca-Cola）。不久后，在当地《亚特兰大时报》（*The Atlanta Journal*）刊登广告，贾科巴药店也挂起了Coca-Cola的布幕，随风飘扬。

潘博士是十足的研究人才，但对行销一窍不通。1888年临终前，将Coca-Cola品牌与所有权，全部让售给一位精明能干的商人坎德勒先生（Asa G. Candler）。

坎德勒如获至宝，不断在《亚特兰大时报》刊登广告，将可口可乐塑造成一种清凉饮料。

坎德勒独家掌权后，便成立可口可乐公司，全力拓展可口可乐业务。公司成立第二年，坎德勒将桶装改为瓶装。115年前，可口可乐的股利就高得惊人，即使当今跨国大企业也难媲美。

以上是可口可乐改头换面不断改进发展的过程。如今它能独霸世界，成为清凉饮料之王，主要诀窍在于重视广告。据广告史料记载，可口可乐刚上市时，每年营业额仅5万美元左右，即拨出半数投资广告。广告对企业发展之重要，可资佐证。

Coca-Cola上市之后，一直没有一个比较理想的中文译名，为此，美国Coca-Cola公司于20世纪30年代，在报纸上刊登启事，公开征求中文译名，结果以当

资料：广告传单

时在英国留学的蒋彝所译的“可口可乐”入选。这个译名既是音译，又语义双关，贴切而又准确。1928年，可口可乐首次在奥林匹克运动会亮相，七十多年后的今天，可口可乐的品牌价值已高达687多亿美元，据全球品牌顾问公司于2009年评鉴结果，可口可乐连续九年名列全球百大品牌榜首。

全球最大饮料企业，可口可乐公司，把在美国销售的可口可乐，删除商标下方的“传统口味”(Classic)字样，旨在争取较年轻的消费者以提高销售业绩，也使迄今为止美国商业史上最大的行销策略失误就此告终。

过去在美国销售的可口可乐，在“Coca-Cola”商标下方，附有“Classic”字样，但可口可乐公司于1985年推出新配方可乐，其口味与传统可乐不同，并把它称为新可乐(New Coke)。却遭到消费者不满，由于“新可乐”的销量一直不振，不得不于2004年停止产销。终于使可口可乐恢复原样，既不“新”，也不“传统”。

不过，“Classic”字样没有完全从包装上消失，以较小的字体仍印着“Coke Classic original formula”(原始配方传统口味可乐)。

但“传统”一词不够新颖摩登，既然“新可乐”不复存在，留着“传统”字样已无意义。所以决定删除商标下方的original formula字样。

资料:《世界日报》取材自网络

可口可乐公司把在美国销售的可口可乐，删除商标下方的original formula字样。

4—3 另类商店命名

命名有一定规范，逾越常理或世俗禁忌的名称会引起众愤，产生反效果，甚至遭到取缔或处罚。

商店名称好坏攸关商品形象与商店发展，标新立异的店名或可争取顾客于一时，亦应着眼于未来。因为商店名称是长久的。

兹举一些标新立异的另类店名，作为命名参考：

鞋店——歪门鞋道

理发店——艺手遮天

足疗店——微不足道

首饰店——陋饰铭

锁店——无锁畏

火锅店——喜唰唰

婚纱影楼——张・张靓影（借助“超女”的影响力）

4—4 公司改名兹事体大

随着全球竞争愈来愈激烈，强化品牌形象成为各公司首要的任务。为了强化全球的品牌形象，以提升海外业绩，有些企业为顺应世界潮流，必须脱离老招牌旧名称之窠臼。

企业改名的理由不一而足，往往是改变商业模式或更新经营策略，或是合并交易的结果。不过公司改名兹事体大，连带影响行销、广告和品牌认同等重要方面。且由于改名动辄须花巨资，新名称绝非只是用来摆门面装样子。

据《财星》杂志麦奎德对企业改名花费研究结果：埃索公司（Esso）在 20 世纪 70 年代初期改名为埃克森（Exxon），估计花约 2 亿美元。

如果企业旧名变成负债，改名是必要的。菲利普・莫里斯（Phillip Morris）将其控股架构名称，改为 Altria 集团公司，以转移外界对其负面的印象。

公司改名另一趋势是赶搭中国崛起的便车。例如加拿大煤层甲烷探勘业者 Permission Marketing Solutions 改名为 Pacific Asia China Energy 公司。

4—5 服装品牌命名范例

本范例系本书作者所独创，如蒙服装公司采用，希告知作者，如需进一步磋商，自当尽力而为。

对象：不分性别，男女服装通用

君特丽（Gently） 英文寓意优雅、柔和、教养好，出身名门，身份高贵人士。中文寓意“你特别美丽”。中英文发音，极为相符。

俊倜牌（Jaunty） 俊美倜傥超逸不拘，风流倜傥。英文意为时髦的，轻快活泼，十分得意。中英文音韵相符。

泰普适牌（Tops） Tops 原意“上等的”，指“泰普适”服装，质料、式样均超出一般服饰。“泰普适”中文寓意泰然舒适，表示“泰普适牌”，不论年龄、性别普遍舒适宜人。而音韵相符。

佩服牌（Perfect） Perfect 意为“佩服牌”服装完全无瑕，无懈可击，无可挑剔，剪裁师傅精通熟练，对客户要求分毫不差。从“佩服”二字而言，系指对“佩服牌”服装，心悦诚服，对式样设计、剪裁工夫，感到“佩服”。

对象 25～40 岁上班族女性

娇娜牌（Juno） 娇娜系古罗马司掌婚姻女神，流传至今。凡高贵妇女，皆以“娇娜”名之。“娇娜”中英文发音相符。适合 25～40 岁上班族女性之服装。

阿波罗牌（Apollo） Apollo 原意为司太阳之神，主宰太阳运转，并掌管“健康、诗、音乐”之职。“阿波罗”近因太空船“阿波罗号”而闻名于世。“波罗”二字，表示“阿波罗”牌服装，绫罗绸缎各种质料无所不包，且网罗各界人士服装式样花色之大成。此牌系不分性别，又因“阿波罗”为众人皆知之名称，可轻易被大众记忆。

久丽（Jolly） Jolly 意为爽快、高兴、非常。形容服装优点。“久丽”意为 Jolly 服装，永久美丽，历久弥新。中英文发音吻合，简单易记。

4—6 另类标语企划实例

标语（slogan）在广告运用上是宣扬企业或产品之利器，所以为了便于广告传播，为企业或其产品创作一个嘹亮的标语是必要的。

在广告的领域里广告企划人员为广告客户创作标语是日常的工作，问题在于是否能创造出一个与企业理念、产品特征相符合的标语，是对企划者的一种考验、一种挑战。

标语就是俗语所称的“口号”，其最早源自苏格兰战争时所喊的鼓励士兵奋勇作战的口号。沿袭迄今，亦多用于政治、宗教各方面。

标语如果用在广告上，为了提高广告效果，必须能反复使用。在创作时——如“命名”有所谓五易，那就是易说、易读、易写、易记、易懂，并且要注重韵律。它不能太冗长、太绕口、太无内涵、太低俗。

现在举出几个金融业公司主题标语如下：

E* Trade：“The Buck Starts Here”（钱从此生）

The Buck Stops Here 是杜鲁门总统的一句名言。Buck 指公鹿，打鹿只打公鹿不打母鹿。少一只母鹿就等于少一只小鹿。所以“钱从此生”是“The Buck Stops Here”相反的一句名言。

这个标语带有浓厚俏皮幽默的风格，博君一笑之余，从这里可以看出 E* Trade 在保守的金融业里少见的活泼和新潮特质。

嘉信理财：“Talk to Chuck”（跟老查谈谈）

Chuck 何许人也？创办人施瓦布（Schwab）先生的昵称就是查克，公司内部都这样称呼他，以便和 Schwab 公司有所区别。老查天生一张具有亲和力的脸，给人极大信赖感是理财高手。

嘉信理财一向走老成持重的路线，“跟老查谈谈”用轻松的语调请你来跟这位投资经验丰富的“富比世”四百强董事长讨论你的投资事宜，能和查克本人说上话，真是三生有幸，求之不得。

摩根士丹利：“World Wise”（世界性的睿智）

“世界性的睿智”意在突显它在国际投资方面的经验和领先地位，目标显然是吸引越来越多的有兴趣投资海外的投资人。

这个标语，套用“不入虎穴焉得虎子”的古谚，外国股市风险虽高，然而充满机会，也可能获利颇丰。一看到虎穴就绕路远行的人，只能算明哲保身二流人物，因为真正明哲之士，是有勇气进入虎穴且有能力弄几只小老虎的人。

奥马哈保险公司：“Start Today”（千里之行始于今日）

成功投资的最简单方法就是尽早开始，让时间帮你挣钱。多数公司标语都是要直接促进销售或强化品牌，但保险公司像这种“公益”型标语实在少见。当然，无须天真地认为其中毫无市场考量，但老板愿意接受这个方向的广告企划，也算值得表扬。

瑞士联邦银行(UBS):“You” and “Us”(你依我侬)

瑞士联邦银行属于跨国大公司,投资人随时可以和资产管理人直接沟通。这个标语凸显你我,旁若无人,得到我的所有投资秘诀。

这个标语还有中英文字的关键所在,“你”英文常简写为 U,“我们”则是US;这些字母恰好在瑞士联邦银行(UBS)公司的三个缩写字母内出现,机灵的文字艺术家于是在这上头做文章,设计出“UBS=你和我”的广告主题,比喻贴身服务,不论文字或寓意恰到好处,可谓一绝。

标语(slogan)用于广告时,要注意易读、易说、易记的原则。而工厂车间的标语,不但要符合企业文化,还要有创意,要合乎音韵。

工厂车间标语大致可分三类,一是纠正员工不文明动作,二是提升工作士气,三是提升产品品质的工作口号。

有些车间海报标语形成了另类的车间文化,极尽挖苦之能事,例如:“交不了成本交工资,完不成目标交帽子”,再如警告员工注意安全的标语,“一人违章,众人遭殃”,“防火一松,人财两空”,“宁让千人恨,不让一家哭”,“违章作业等于自杀,违章指挥等于杀人”,“严是爱、松是害,杜绝事故为交代”。

一般工厂车间,聪明的工人自编自唱“三字经”,例如:建筑工、仔细听、安全经、要记清、进工地、有规程、安全帽、要戴正、戴不好、把头碰、出了事、悔终生、喝了酒、头发懵、神经乱、出险情、走路时、眼看清、木料上、有铁钉、若大意、既痛苦、还误工。

下边是不同场合的标语例子:

今天工作不努力,明天努力找工作。

态度决定一切,细节决定成败。——湖南长沙一家餐厅厨房墙上标语。

山区人民要想富,少生孩子多种树。

少生孩子多种树,少生孩子多养猪。——植树造林标语。

构建和谐社会,共创美好家园。——倡导社会安定标语。

城市是我家,清洁靠大家。——日常生活标语。

防范洗钱,人人有责。——上海中国银行标语。

让城市更精彩,生活更美好。——城市常见标语。

某一公交车贴标语提醒乘客,注重车内卫生,标语写道:“吐痰请向外吐,提高个人素质”的雷人妙语。公交车公司是这样回应的,这个雷人标语是司机个人的主张,与公交车公司无关。不过这个“公交车上雷人的宣传标语”,在论坛上广为流传,网友大为震惊。

资料:取材自红网

雷人标语"吐痰请向外吐"实景。

4—7　另类广告词——通俗有力

广告词是广告之精髓,广告词如何攸关广告效果之好坏。广告学里有所谓广告文案(copy)。广告词要通俗,要人人听得懂看得懂,其主要原则如下:

(1) 要用日常用语,避免令人费解的语言。

(2) 容易读,要通俗。

(3) 外来语必须日常化,无人不知无人不晓的外国语方可使用。

(4) 简单明了,要有娱乐效果。

(5) 学术或专门用语,除万不得已,尽量少用。

中国有很多经典的广告词,虽然琅琅上口、有趣但费解。

赛天仙——吃得香,拉得爽,女人都要赛天仙,送了老婆别忘娘。

脑白金——① 送礼要送脑白金,收礼还收脑白金,脑白金送礼档次高。

② 今年过节不收礼,不收礼呀不收礼,收礼只收脑白金。脑—白—金。

娃哈哈——喝了娃哈哈，吃饭就是香。

好的广告用语，历久弥新。六七十年前流行的广告用语，迄今老年人仍记忆犹新，难以忘怀。例如老上海盛极一时的广告名句，列举如下：

梁新记牙刷——一毛不拔

明星香水——香水明星

明星香水——越陈越香

日月洗衣皂——日月肥皂亮晶晶，洗过衣裳香喷喷

九味一鲜酱油——家有九味一，白水变鸡汁。

美丽牌香烟——有美皆备，无丽不臻。

西门皮鞋修理公司——小洞不补，大洞吃苦。

台湾也有很多脍炙人口的名句：例如本人曾参与企划的"宝纳多"。宝纳多——一人吃两人补，妈妈健康，胎儿壮，宝纳多系孕妇补品。

广告词好坏攸关产品销售和企业声誉至深至远，因此企业为征求一句广告词，不惜投入巨资，公开征求。

南京某药厂一位女士仅用"红豆杉，健康伞"六个字，在12万条广告词中脱颖而出，赢得50万元人民币，一字八万的高额奖金，堪称史无前例。

主办评选单位指出："红豆杉"外形如伞，寓意健康，"健康伞"形容贴切，立意绝佳，语句简洁明了，琅琅上口，字数少但能表明诉求重点。

红豆杉是世界濒临灭绝的天然抗癌植物。据科学检测，两盆八年的红豆杉盆景，其净化空气的功能等同1 000棵冬青树。

4—8 另类广告歌——声悠扬词通畅

广告里的歌谣即所谓广告歌（CM Song），亦称"singing CM"或"singing commercial"。是将广告之创意用音乐旋律表现出来的方式。

制作广告歌须注意以下各点：

(1) 使听者容易记忆。

(2) 韵律和歌词给人印象要强烈。

(3) 要令人听得清楚明白。

(4) 要有个性。

(5) 希望不分年龄人人都能唱。

广告歌之目的在于给听的人有印象，由优美的旋律使人联想到商品的特点。所以广告歌要具备以下特性：

(1) 感化性

(2) 煽动性

(3) 传播性

(4) 反复性

(5) 诉求对象广泛性

(6) 塑造印象性

(7) 购买“时点”的再生性

其制作原则是：

(1) 明了清晰

(2) 强烈顺口

(3) 悠扬独特

以上是广告歌的特性和制作原则，广告歌虽然属于歌曲的一种，但制作上与一般歌曲不同。日本作曲家服部良一曾说：“在短短几十秒中，要唱出商品特点，实在不易。”

广告歌多用于广播和电视广告上，那动感的画面，悠扬的歌声，不仅能抓住听众的心，也能唤起对广告商品的向往。

以 PUMA 牌的广告歌为例，歌词是“Hey, I put some new shoes on, and suddenly everything is right!”（嘿，我穿上了这双新鞋，突然感到万事如意。）

保罗·努提尼（Paolo Nutini）用温柔的眼神唱着欢愉的曲调，在歌词中对新鞋赞赏连连。

资料：取材自 PUMA 广告

PUMA 电视广告请保罗·努提尼演唱主题曲 New Shoes。

4—9 另类通俗诗歌——顺口溜

顺口溜是民间创作的通俗诗歌，它深含讥刺、讽喻、批评、反语、幽默、鞭挞，又有苦涩的趣味性，有笑声，也有泪水。民间通俗诗歌多为反映社会现象，其对广告创意有启发作用。因为一个杰出的广告创意，要合乎人情，顺应习俗，才能提升广告效果。近几年来民间创作过无数的顺口溜，兹特择两首如下：

眼睛十态

见上级眯眼，见部下冷眼。
见赞扬开眼，见批评横眼。
见宴请定眼，见困难转眼。
见名利红眼，见群众翻眼。
见礼品花眼，见危险傻眼。

大学教授感怀

博士满街走，硕士贱如狗。
学士无事做，只有做扒手。

4—10 广告名句选萃

台湾《动脑》杂志，每年举办“动脑广告流行语金句奖”活动，选拔当年最佳广告流行语。其中颇多杰出者，兹摘录部分如下：

产品名称	广告名句
可口可乐	挡不住的感觉
铁达时表	不在乎天长地久，只在乎曾经拥有
麦斯威尔咖啡	好东西要和好朋友分享
柯尼卡照相机	他抓得住我/他傻瓜、你聪明
新宝纳多	一人吃两人补
捐血协会	捐血一袋，救人一命
百服宁	百服宁保护您
全家便利商店	全家就是你家
远传电信	只有远传没有距离

新静王冷气机	小而美、小而冷、小而省
功学社	学琴的孩子不会变坏
媚登峰	Trust me, you can make it!
春风面纸	纸有春风最温柔
宝岛眼镜	傻瓜镜片，聪明选择
雅芳化妆品	雅芳比女人更了解女人
DTC 钻石	钻石恒久远，一颗永留传

第五章　品牌与标志

5—1　品牌扮演企业国际大使的角色

全世界的人，不论走到哪里，看到“奔驰”，都知道是德国的汽车；看到“索尼”，都知道是日本的电气用品；看到“IBM”，都知道是美国的电脑，这就是它们的品牌，一种国际识别证，让人家认识它、重视它，品牌之重要可想而知了。

品牌的创造，是创意工业中的核心工程。“产品”是具体实物，“品牌”是抽象意念。所以创造一个品牌，比创造万件产品更具效益。这就是近年世界各国大力推动创意工业发展的原因。

2009 年国务院规划振兴轻工业，目标为提高自主创新能力，实施产品安全，在 2011 年前再形成十个年营收人民币 150 亿元以上的大型轻工企业集团，新增 100 个自主品牌与 300 万个就业机会，这是一个全民翘首期盼的喜讯，希望能如愿以偿，不孚众望。

因为品牌是企业资产重组的旗帜，是企业形象的重要标志。它超越行业界限，随着企业集团化的演进，行业界限越来越模糊。海尔最初以电冰箱起家，最近又进军彩电、电脑、手机、生物制药等领域。这种以品牌优势带动的多元化经营可在短期内，就达到一般企业过去多年才能形成的规模和水平，充分体现了品牌的影响力与扩张力。

品牌扮演企业国际大使的角色，成功的品牌可赢取和维系消费者的信任。要维系成功的品牌，必须跳出特殊的文化歧视和本土品味，推出全球消费者欢迎的共通性产品。

中国以茶的故乡而自豪，但伦敦《金融时报》专栏作家米勒（Tom Miller）指出，中国未能打造出一个全球性知名茶业的品牌，而败给英国立顿（Lipton）红茶。立顿在中国的市场占有率，比中国最大的同业市场占有率高出三倍，为何一家立顿胜过中国七万家茶商？中国茶业除国内市场过度竞争，外销价低外，最重要的是缺乏品牌包装，以致品牌柔弱无力。

美国星巴克(Starbucks)咖啡店，由于品牌优势，快速扩张。二十年内版图由18家扩张到四千多家。即使在世界金融风暴中，依然屹立不摇，其业绩继续成长，足见品牌对企业经营之重要。

曾经在20世纪七八十年代，流行大城小镇的百雀羚，重新成为新宠。对于百雀羚的记忆，大都会想起那张熟悉的"鸟栖图"，还有那永远光亮的小铁盒。不少人都是看着母亲梳妆台上的百雀羚长大的，所以这个老牌的百雀羚，影响之深，可以想见。

资料：网络图片

对百雀羚的记忆，都会想起那张熟悉的"鸟栖图"。

5—2　品牌反映世界经济动向

投资人对经济迟迟不回春感到失望，希望在新一季财报中，看到一些"春燕"。一般投资人将美国五家大企业"财报"视为是经济动向的指标，这五大企业分别是：

百胜餐饮集团(Yum Brands)；IBM；万豪国际酒店(Marriott)；哈雷机车(Harley Davidson)；美国商业银行(Bank of America)。

在这五大企业当中，对百胜餐饮集团尤为重视，如果其“财报”比预期好，代表在外就餐的人口增加，如果业绩没有改善，代表经济没有复苏，如果百胜集团的业务低迷，代表全球经济依然低迷。

资料：美联社

百胜集团旗下著名品牌 Taco Bell 和 Pizza Hut 标志。

5—3　带动企业经营的向导——商标战略

中國500最具價值品牌前十名

排名	品牌名稱	品牌擁有機構
1	工商銀行	中國工商銀行股份有限公司
2	國家電網	國家電網公司
3	CCTV	中國中央電視台
4	中國移動	中國移動通信集團公司
5	中國人壽	中國人壽保險（集團）公司
6	中國航天	中國航天科技集團公司
7	中國中化	中國中化集團公司
8	中國中鐵	中國中鐵股份有限公司
9	海爾	海爾集團公司
10	中國銀行	中國銀行股份有限公司

资料：取材自 2009 年《世界日报》

“商标战略”是指企业将商标手段运用于企业经营活动之中，以带动和影响整个企业的经营，是企业经营战略的组成部分，并随企业经营战略的调整而调整。

商标战略能充分而有效地利用商标本身拥有的功能和为商标所有人开拓市场所具备的作用，实施商标战略，有利于树立产品和服务的良好信誉，提高产品和服务的附加价值；有利于促进各类生产要素向名牌产品、名牌企业聚集。商标战略是提高企业核心竞争力的重要战略之一。

中国改革之初，有句名言是“时间就是金钱”，现在尽人皆知“商标就是金钱”。北京市工商局与多家银行签署协议，令商标作为无形资产，可从银行获取贷款资格。但要经过评估审核，按评估价值的一定比例向银行申请贷款，一个值钱的商标，价码之高是可以想见的。

资料：网络图片

中国体操王子李宁点圣火的画面，被设计成服装商标，成交价人民币 2 008 万。

5—4 世界著名品牌的来龙去脉

对于一般消费者而言，著名品牌的身影可谓无处不在。然而这些品牌的名称是如何得来的，恐怕没有多少人能说出个究竟，尤其研究广告者，对品牌名称之来龙去脉，更应多加了解。以下举出一些著名的品牌：

奥迪(Audi)——公司创办人奥古斯特·霍希，曾开办过一家名为“霍希”的汽车公司，然而在离开公司五年后，霍希想重操旧业，碍于原公司还在，他给新公司命名“奥迪”。奥迪是“霍希”这个姓氏德文原意的拉丁文形式。

思科(Cisco)——Cisco 这个名字，取自旧金山(San Francisco)最后五个字母。思科的广告标志是闻名世界的旧金山金门大桥。

可口可乐(Coca-Cola)——得名于主要原料中的古柯叶(Coca leaves)和可乐果(Kola)。发明人约翰·彭伯顿把 Kola 中的 K 变成 C，是让名字更好看一些。

康柏(Compaq)——意为“紧凑型电脑”。com 为 computer(电脑)的字头，paq 意指 pack(紧凑)。

达能(Danone)——伊萨克·卡拉索在巴赛隆纳生产他的第一批酸奶时，给产品冠以自己儿子的昵称——达能。

哈根达斯(Haagen Dazs)——这个冰淇淋品牌并非源自欧洲，而是地道的美国货。Haagen 与 Dazs 是编造的两个单词，目的是让美国人觉得它像是欧洲舶来品。

柯达(Kodak)——这个名称是公司创始人乔治·伊士曼的发明。伊士曼觉得字母 K 给人感觉强劲有力而且直截了当。他考虑过以 K 开头和结尾的各种排列组合，认为 Kodak 这个名字有三个好处：一是具有商标的特质；二是发音不会被读错；三是拼写方式上不会与其他商标混淆。

微软(Microsoft)——比尔·盖茨取自 Microcomputer software(微型电脑软件)两个单词的词头。

摩托罗拉(Motorola)——公司前身是一家产品颇受欢迎的收音机工厂，其唱机品牌为 Victrola(维克多)。而当创始人保罗·加尔文开始生产汽车收音机之后，公司名字便改为 Motorola，motor 意为“汽车”，rola 则是原名 Victrola 的词尾。

甲骨文(Oracle)——公司创办人拉里·埃利森与鲍勃·奥茨，曾为中央情报局做过一个咨询项目，该项目的代号即为“Oracle”(神谕)。

百事可乐(Pepsi-Cola)——因配方中含有可乐果成分以及宣称能治疗消化不良而得名。

壳牌(Shell)——荷兰皇家壳牌石油公司成立于 1907 年，由荷兰皇家石油公司与贝壳运输贸易公司合并。后者是在 19 世纪末由塞缪尔商业公司组成的。塞缪尔公司从事日本贝壳进口生意，壳牌石油公司也因此得名。

星巴克(Starbucks)——得名于赫尔曼·梅尔维尔的小说《大白鲸》中的人物名称，书中爱喝咖啡的大副就叫 Starbuck。

梅塞德斯·奔驰(Mercedes-Benz)——“梅塞德斯”是戴姆勒汽车公司主要经销商埃米尔·耶利内克的小女儿的名字。1899 年耶利内克驾驶以梅塞德斯命名的戴姆勒汽车参加法国汽车大赛一举夺魁，1902 年戴姆勒公司将梅塞德斯注册为商标。1926 年戴姆勒公司与奔驰公司合并，组成戴姆勒·奔驰公司，翌年将 Mercedes 和 Benz 两个品牌统一为 Mercedes-Benz。

耐克(Nike)——名称源自希腊胜利女神奈基(Nike)。

诺基亚(Nokia)——这家世界电信业巨头的前身是芬兰一家纸浆厂,该厂就坐落于诺基亚市。

沃尔玛(Walmart)——由创始人萨姆·沃尔顿(Sam Walton)姓氏中的 wal 与"市场"的英文 mart 组合而成。

以上这些著名的品牌之所以著名,在于品牌价值多寡。据英国《金融时报》公布 2010 年全球百大品牌调查结果,韩国三星电子品牌价值成长最快。Google 仍居品牌之冠,进步幅度最快的前五大品牌分别为:①三星;②百度;③万事达(Master Card);④Next;⑤维萨(Visa)。

另据该报报导,2010 年全球最具价值 100 强排行榜:Google 蝉联百强之首,其他依次为 IBM、苹果科技、微软、可口可乐、麦当劳、万宝路、中国移动、通用电气、英国沃丰集团等。

5—5　另类总体品牌定位——用心生活,天天精彩

全美最大连锁百货公司之一的 JC Panney,宣布全新的总体品牌定位为"用心生活,天天精彩"(Every Day Matters)。使 JC Panney 与顾客情感上的联系提升至新一层次。

据调查发现,顾客到店里不仅仅是购物,而是为他们忙碌的生活寻找灵感,不仅是针对商店、商品及价格,顾客是在寻找一个可以信赖的伙伴,带给他们灵感,为他们及他们的家庭创造更美好的生活。他们明白生活不仅是由各个里程碑组成,更有很多的小片断,顾客希望每个生活小片断都激动人心,有意义。为此,JC Panney 的使命是使该公司成为鼓舞及启迪顾客的源泉,以公平的价格供应给消费者时尚及品质优良的商品。

新的定位将体现在各个与客户接触的场合,包括有启发性的商品,从各个渠道加强客户服务、综合的营销计划、新设计的购物环境、店里新的图案及商标等以及训练全美 15.1 万名员工在日常工作中具体体现新的定位。

JC Panney 特别重视各族裔的市场需求,新的品牌定位会同时用在中文媒体的广告上。商品品牌和商品广告息息相关,是广告学重要范畴,广告从业者对广告客户的品牌来龙去脉必须详加探讨不可。

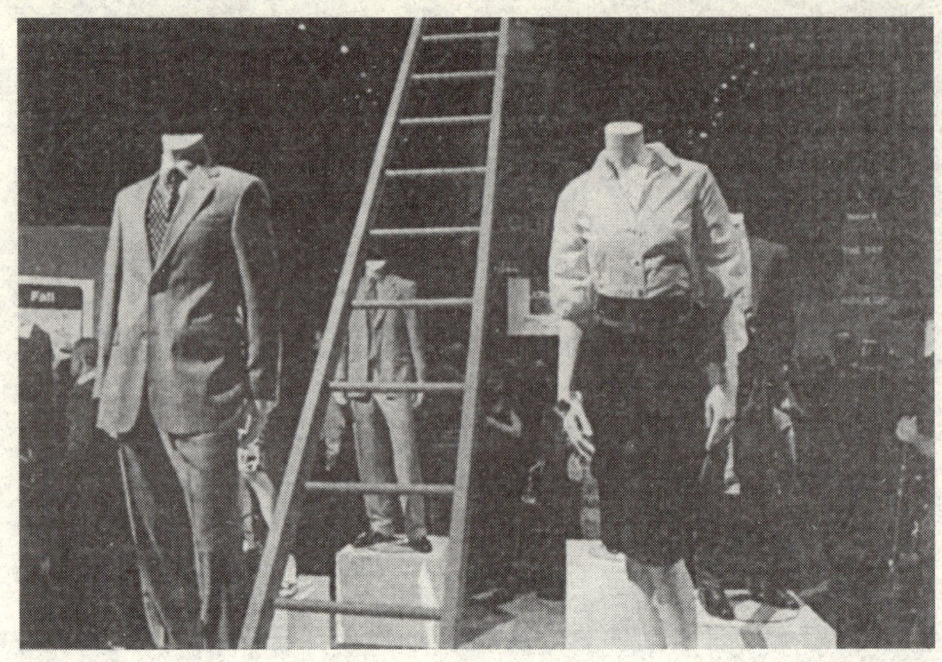

资料:《世界日报》

JC Panney 推出"用心生活,天天精彩"的总体品牌定位,充分体现在商品上。

5—6 另类消费趋势——商店品牌涌入美日家庭

近年来美国许多超市或连锁商店都推出自有品牌,以廉价为号召,和其他商品主要品牌一争市场。根据 2009 年春最新统计,全美家庭在食品和饮料的采购中,24%属商店自有品牌,而且 97%的家庭长期购买商店自有品牌的商品。

经济不景气有助于自有品牌市场,但民众对自有品牌的接受度是逐年累积下来的成果,而不是仅仅因为其价格便宜。

把握消费者在不景气中购买廉价产品的心理,日本零售巨人 Seven&i 控股公司,决定在旗下遍布全球的 7-Eleven 超市销售自有品牌商品。

据日本经济新闻报导,Seven&i 控股公司将与日本和美国的 7-Eleven 公司合作,利用大量采购压低成本,推出的自有品牌商品价格可望比其他业者便宜二至三成,预估今后自有品牌销售额将达到业者之冠是必然的。

由此可见自有品牌对超市或连锁店经营之重要。广告从业者为客户企划广告计划时应特别强调此点。

资料：美联社

沃尔玛市场的食品类自有品牌，销售量和金额都排名全美第一。

5—7　另类自主品牌——熊猫芭比逗趣可爱

几个 20 世纪 80 年代后出生的海归年轻人，用中国元素熊猫打造自主品牌，“Panda Town”玩偶，要把它做成“中国芭比”。从头上的头饰、帽子到脚上穿的鞋，不仅有中国传统服装，还有洋装造型，相当受年轻人喜爱。

设计自主品牌，不要全在文字或图案上推敲，如能向立体造型设想，配合文字品牌名称，必能相得益彰，发挥最大广告效果。

资料：取材自 BVLGARI

2009 年过 50 大寿的芭比，响应 BVLGARI 慈善活动，也戴上特制小银戒拍摄宣传照。

资料:中新社

经精心打造的自主品牌 Panda Town 玩偶。

5—8 通用汽车 GM 标志不再辉煌

称霸世界的美国通用汽车，抵不住这一波金融海啸冲击，2009 年 6 月申请破产保护。依其资产规模计算，通用将成为美国申请破产保护第三大企业、第一大制造业、涉及员工人数第二大企业，其对美国经济之冲击，可以想见。

下边两幅 GM 图片，拍摄角度十分巧合，一为 GM 标志旁，出现 STOP 字样。另一 GM 标志旁警灯归零，这两个镜头都有“停止”的意涵，与通用公司的遭遇极为相似。

资料:《侨报周刊》

申请破产之通用汽车标志。

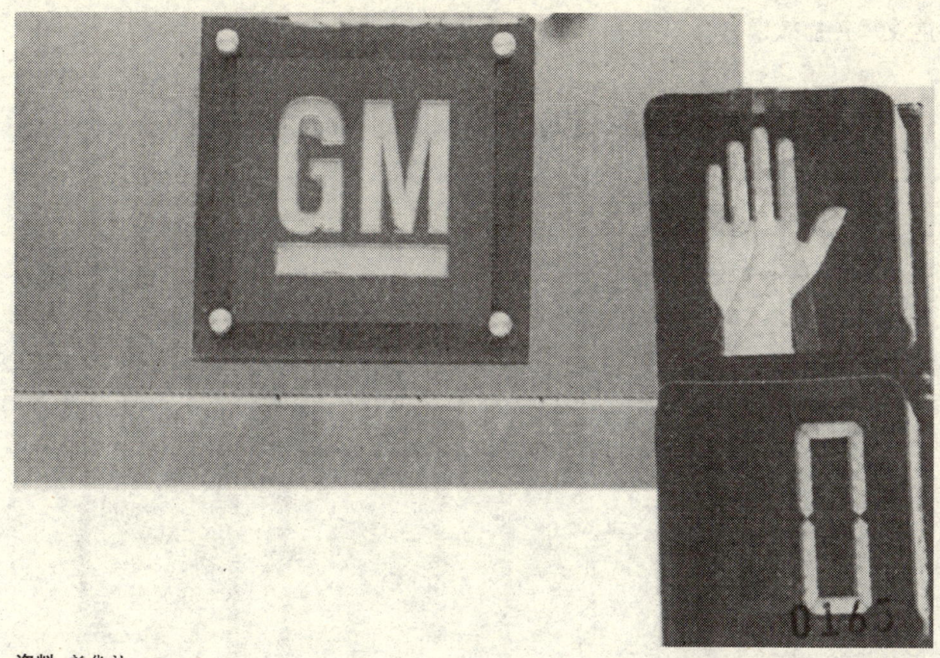

资料:新华社

墙上这块 GM 公司标志不再辉煌,街头警灯归零,令人心生感慨。

5—9 另类疾病类别图标——指一下图标快速获助

由于不懂英语的急诊室病人和伤者越来越多,美国的医院、诊所和援救小组正在使用印着易懂图标的图片与这类病人进行沟通。因为易解的图片,胜过文字说明,这种图片还有助聋哑病患者以及心脏病发作、戴上呼吸气管而不能说话的病人与医生沟通。

这种大图片印有许多图标,病人可以指出图标说明他们发生的问题,以及在身体的哪一部位。

以新泽西州为例,所有的救护车、医院和诊所都在使用这种图片。沟通不良或沟通障碍会损害诊疗品质,造成误解甚至医疗失误。

1992 年佛罗里达安德鲁飓风发生后,最先使用这种图片。设计制造这种图片的 Servision 公司创办人魏斯顿表示,他当时看到许多飓风灾民由于沟通困难而没有得到他所需要的服务,于是产生用图片沟通的想法。

图标是广告在视觉上和利用文字同样重要,如图标设计得当,比利用文字更能发挥传播效果。

资料：美联社

新泽西州纽瓦克大学医院急诊室使用的图片上的一些图形。不会说英语的病人可用这种图片向医生描述他的病情。

5—10 另类灯框标志设计——可抽换九个不同图案

“一盏灯，点亮好心情”，造型耐看有趣的灯，让心情温暖的效果很明显。为了让家居生活空间更活泼，家居饰品的设计愈来愈像玩具，像宜家有一款SKUGGA壁灯，正方形的灯框可以抽换九个不同图案的灯片，有的是“现在不想接电话”，也有“只想赖在沙发上”或“来杯热腾腾的咖啡”，可以不时换个图案取悦自己一下。

作者之所以将此灯框标志纳入标志设计篇章，主要鉴于此一灯框标志设计简单明了，一见即了解其含意，故未一一列出答案，对商标设计更有参考价值。

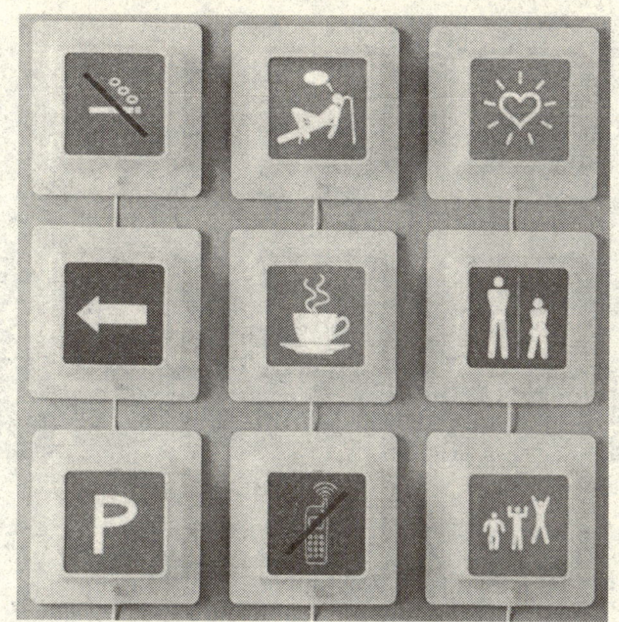

资料:《世界周刊》

温暖心情的标志设计。

5—11　自然形成的另类标志——神秘麦田圈与稻田画

英国麦田圈热点地区威尔特郡 2009 年 7 月再次出现神秘麦田圈,图案是象征重生的火凤凰,专家相信是世界末日的警告。

这次出现的麦田圈长约 120 米,图案形同一只由灰烬中重生的火凤凰一样。据热衷研究麦田圈者说:“凤凰是传说中的生物,在全世界许多文明中,都象征着重生和新纪元”。

作者将“麦田圈”、“稻田画”纳入标志章篇中,除对标志设计具有启发思考作用外,更对神秘自然现象感到神奇,相信热衷广告学术者必有同感。

资料:网络图片

自然形成的麦田圈现象。

资料:网络图片

火凤凰麦田圈被视为世界末日的警示。

资料:网络图片

英国威尔特郡靠近埃夫伯里山区,一直是麦田怪圈发现的热点地区,2009 年 6 月有居民再度发现神秘图案,其中一幅有如东方的“阴”、“阳”标志。这个图案的成因一直是个谜团,甚至有人认为是外星人留下的痕迹。

资料:网络图片

这不是神秘“麦田圈”,而是人为“稻田画”。日本各地出现稻田画,并非外星人杰作,而是富有创意的农夫,利用稻米植物不同颜色,精密安排栽种而成。

日本“稻田画”始自 1993 年,青森县田舍馆村,为招揽游客来此观光,“稻田画”发挥了很大作用。2009 年该村就有日本战国时代铁甲武士及拿破仑(右上角)的稻田画,让人们大开眼界,叹为观止。

5—12　善用现代标志为你增光添彩

美国是个善用标志的国家，在繁华大街上，有标志为你带路，在大型商店里有标志为你指引，在高速公路上有标志为驾驶提供限速资讯，所以说如果没有标志等于没有规范，人人自危，无所适从。因为用显而易懂的图案或标志取代文字，是一种最有效的沟通或指示方式。

美国户外广告最大连锁业 Sign A Rama 研制的各种标志，如能在你的办公室善加利用，看起来增光添彩一定与众不同。

广告传播有两大要素，即“图与文”，在传播效果上有时图胜于文，而标志属于图的范畴，其对广告传播之重要性，不言而喻。

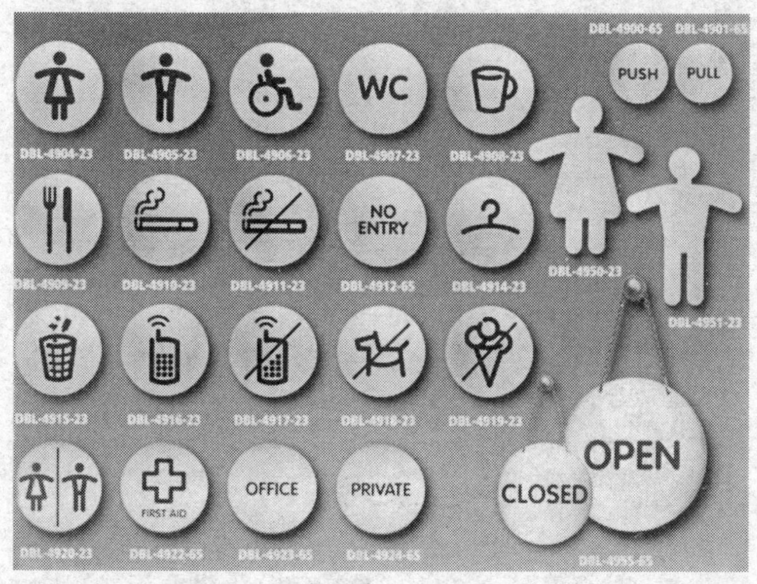

资料：Sign A Rama

5—13　吉祥图案设计

不论古今，每逢新春，人们共同的愿望是六合同春，心想事成。每朝每代利用不同的视觉元素，组合成象征富贵荣华，福乐长寿等吉祥图案。这种图案辗转传承下来，便成为我们固有文化里的重要一环。

至于吉祥图案的题材，大多采自神话、历史故事、生命礼俗、生活价值观等，把人们所熟知的自然现象、神话传说等以艺术手法概括呈现，藉以表达人们心中之愿望。

资料：《世界周刊》

这里有八张图案画，象征八仙随身携带之用品，你能举出各代表哪位仙人？元代剧本有"八仙庆寿"传说，以汉钟离、张果老、韩湘子、李铁拐、曹国舅、吕洞宾、蓝采和、何仙姑为八仙。即今世俗所传之八仙。

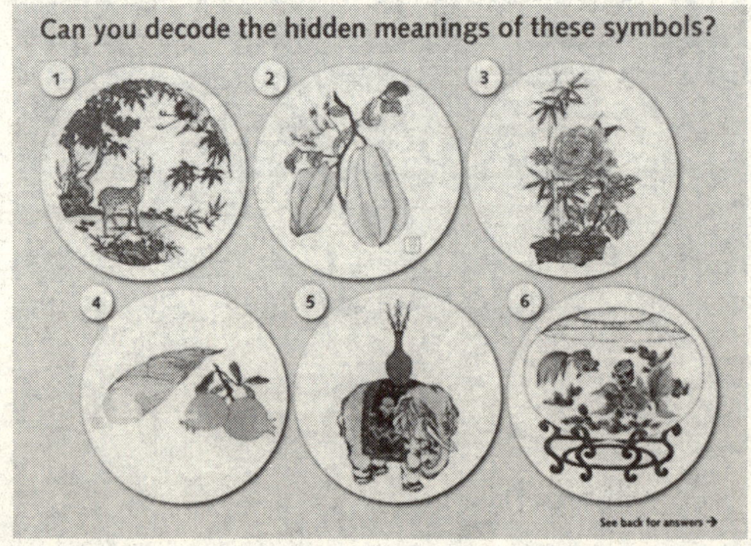

资料：《世界周刊》

这里有六张图案画，你能答出每张的含意吗？

资料:《世界周刊》

吉祥图案“八宝”,自上而下为:法轮、法螺、宝伞、白盖、莲花、宝瓶、金鱼、盘长等八件佛家符号,也称八吉祥。

资料:Sign A Rama

盛行美国的吉祥图腾。

5—14 历届世博会吉祥物设计

吉祥物是一种象征(Symbol)的形象或符号。广告学里所谓“象征”,除字面意义外,也可用图解形式来阐释。例如“马蹄”表示幸运、“桂冠”表示成功,甚至希腊或罗马神话里的英雄人物,都可用象征来表示。例如朱庇特(Jupiter)表示威严,玛尔斯(Mars)表示战争等,都是从“象征”想出来的。

至于象征用在广告的场合,它是结合广告创意表现出来的。在大众心目中,广告的商品或劳务,必须与其所象征的形象相契合。此种场合原则上避免使用负面性质的象征,这是应当注意的。

兹将 1984 年以来,历届世博会吉祥物揭示如下,资料珍贵,值得欣赏与参考。

历届世博会吉祥物设计

1984 年美国路易斯安那世博会吉祥物

1986 年加拿大温哥华世博会吉祥物

1988 年澳洲布里斯班世博会吉祥物

1992 年西班牙塞维利亚世博会吉祥物

1993 年韩国大田世博会吉祥物

1998 年葡萄牙里斯本世博会吉祥物

2000 年德国汉诺威世博会吉祥物

2005 年日本爱知世博会吉祥物

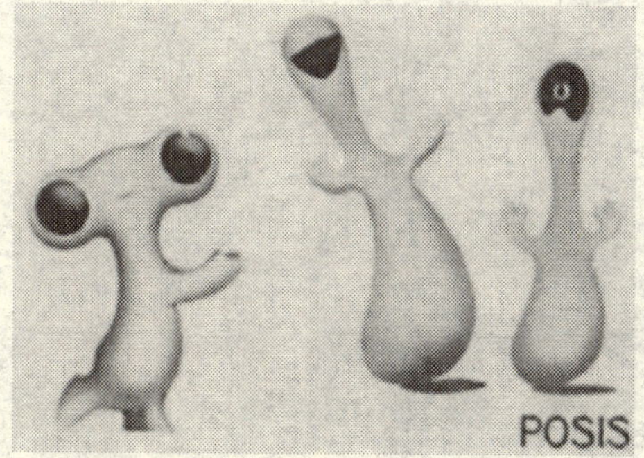

2008 年西班牙萨拉戈萨世博会吉祥物

2010 年中国上海世博会吉祥物

5—15 家喻户晓的世界名牌标志

(1) 肯德基

资料:美联社

快餐连锁业者百胜餐饮集团(Yum Brands)旗下,位于旧金山的一家肯德基店。其KFC标志和它的包装盒,凌空高挂,令人注目。KFC本来是Kentuky Fried Chicken的简写,但为避免"油炸"不健康的顾虑,改为KFC,这个改变不但达到不强调以前"油炸"的目的,而且读起来既顺口又简单。

(2) 通用家电

资料:美联社

美国著名家电品牌——通用商标。通用的原文"G"eneral "E"lectric,用GE作为标志。

(3) 谷歌网络

资料:美联社

美国司法部认为雅虎与谷歌的广告合作,会妨碍竞争,使消费者不能取得较低廉价格、较佳服务与较多创新的机会。并使其拥有独占能力,对消费者不利。Google决定撤销与雅虎的合作。

Google原系数学名称,代表"1十无限的0"寓意网络搜索引擎(Google Search Engine),其能量无限之大。

谷歌鼠标垫

资料:美联社

谷歌(Google)与全美50大报社合作,在这些平面媒体上为广告客户刊登广告,这么一来,其广告客户原本只在网络上刊登的广告,也能在报纸上亮相。图为印有Google字样的鼠标垫。

(4) 彪马运动鞋

资料:美联社

德国运动产品制造商彪马(Puma)接受法国一家大财团以14亿欧元高价收购27%股权。品牌价值博得企业界重视。

(5) 英特尔(Intel)

资料:法新社

英特尔(Intel)欧洲实验室在德国揭幕时,英特尔商标显示在魔术方块上。

5—16　著名电视频道标志

资料: HDTV 传单广告

HDTV 新频道标志。浓厚的现代感对设计标志具有参考价值。

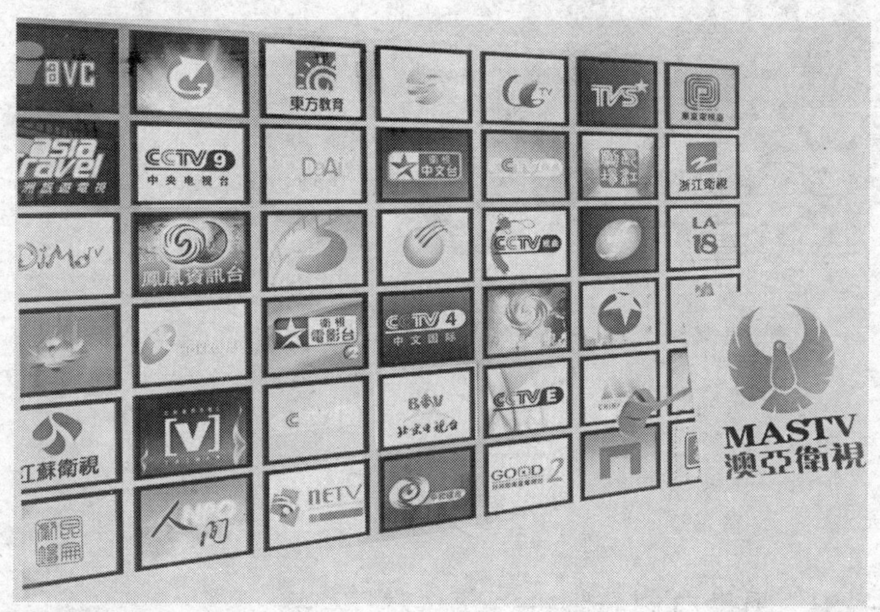

资料:《世界周刊》

麒麟电视所辖频道标志。

5—17 另类商标设计——诟病业界

四川一家酒厂，向商标局注册了由正反两个大M组成的商标，外加“五绵”二字。唯麦当劳公司认为该商标与他们的黄色大M商标近似，因此告到法院。法庭审理指出：酒厂的商标是以五绵字样和M、W叠加而成，而麦当劳的商标只有一个M，不会导致误认，故驳回麦当劳的异议。

另外一则涉嫌仿冒的商标是这样的：

一名妇女穿着一件仿意大利运动品牌“Kappa”外套。Kappa商标是一男一女背靠背坐姿的图案，仿冒品将之改成女趴地上男在后的不雅姿势。

美国佛豆带豆(FIDO DIDO)商标也被威豆迪豆(WIDOL DEDO)仿冒，由于观点不同争论不休，至于是否构成仿冒，有待讨论。

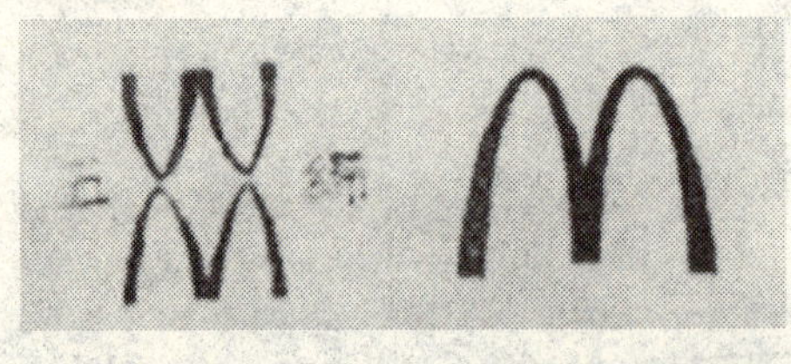

资料：中国商标网

某酒厂和麦当劳的商标战。

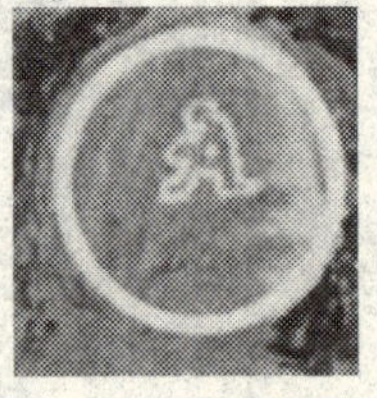

资料：网络图片

Kappa商标被仿冒之争议。

资料：《世界日报》

佛豆带豆与威豆迪豆商标争议。

5—18 另类自创品牌——蔡依林72变

台湾流行小天后蔡依林设计的服饰品牌“72变”，自2009年秋在美国新泽西州樱树丘(Cherry Hill)的精品百货 Nordstrom 推出以来,备受服饰精品业重视,该服饰陆续在纽约、台北、芝加哥、旧金山、洛杉矶、温哥华等各大城市上市。

"72 变"的命名是取自蔡依林的经典成名曲,其设计灵感就是来自蔡依林独特多变的造型。"72 变"的服饰融合了前卫、街头和夜店的炫丽风格,经营出与众不同的精品服饰路线,在自创品牌成功的案例中,"72 变"可以说是名副其实的首选了。

资料:取材自"72 变"服饰

5—19 上海世博成功的两大象征

中国自 2008—2010 年两年当中,有两大盛事:一个是北京奥运,另一个是上海世博。举世瞩目的北京奥运,不论在人力之动员或场地之规划,虽不能断言绝后,但可断言是空前的。而上海世博,参展国家之多,展览规模之大,也可以说是空前的。这两大盛事对我国国际地位之提高,声望之攀升,真是难以估量。

作者有幸，正当本书脱稿之际，适值上海世博开幕，幸逢盛事，备感自豪。值此举国欢腾，共享升平之时，本着广告学术研究之立场，对上海世博象征标志(Symbol Mark)和图案文字(logotype)两个象征性的课题，作为探讨之话题。

广告学里所谓图案文字，系公司行号或商品名称，以特定之形式所表现之文字，简称 logo。而象征标志，在广告活动中，为了推展更具效果，通常会创造一特定标志或人物，作为一种象征，此种标志即称为象征标志。例如上海世博以"世"字表现之文字，即为上海世博之 logotype。而另一象征人物"海宝"，即为上海世博之 Symbol Mark。不论 logotype 或 Symbol Mark 都是世博活动的一种象征，它必须具备以下各要素，以广告活动的场合而言，它必须是：

(1) 能把广告主或它的商品形象，直截了当地让读者了解。

(2) 要能留下印象和记忆。

(3) 即或用于各种媒体，都能产生以上效果。

(4) 要使大多数读者产生好感与喜爱。

象征上海世博两种图腾设计，可圈可点；以 logo 而言，用 2010 和"世"字作素材，在形象上看犹如一个三口之家相拥而乐，广义上又可代表包含了你、我、他的全人类，而"海宝"张大双眼，目光炯炯，展现国人的友善好客，向世界各民族招手，表示欢迎之意。

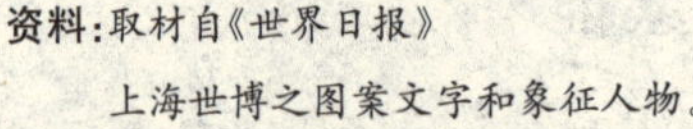

资料：取材自《世界日报》

上海世博之图案文字和象征人物。

第六章　广告与四大传媒

6—1　广告与四大传媒扮演的角色

一般所谓四大传媒，包括报纸、杂志、电台、电视，通过这些传播媒体使视听大众接受所传播的广告，这个过程称为大众传播(mass communication)。上述过程必须具备以下四要素即：

(1)广告传送者(广告主)；(2)所要传达的讯息(广告)；(3)媒体(报纸杂志、电台电视等)；(4)接受者(消费者大众)。

以现代社会之产销结构而言，大众传播成为大量生产(mass production)大量消费(mass consumption)之桥梁，以维系产销之平衡。唯近年来网络蓬勃发展以及手机之普及，俨然形成另一大众媒体。

不过，传统之四大媒体依然屹立不摇，在传统媒体中拔得头筹。其所以如此，主要靠广告来支撑经营，换言之，如无广告就无媒体，广告对四大媒体所扮演角色之重要不言而喻了。

6—2　另类报纸版面布局——《纽约时报》头版广告

面对广告收入严重锐减，《纽约时报》被迫跟进美国报业日益风行的做法，开始在头版这个最昂贵的新闻版面卖广告，可是只准登在头版下半页。

哥伦比亚广播公司(CBS)拔得头筹，抢到《纽约时报》第一批头版广告。因为《纽约时报》从来不在头版卖广告，传统派更认为这是让商业入侵报纸的做法。

美国大部分报纸现在都在头版刊登广告，只有《华盛顿邮报》等少数报纸仍坚持传统。毕竟面对读者和广告大量转移到电脑网络的趋势，只好打破禁忌救亡图存。

The New York Times

Israeli Attack Splits Gaza; Truce Calls Are Rebuffed

Front Page News

资料：美联社

由于巨大财务压力，迫使《纽约时报》放弃传统，自 2009 年 1 月 5 日开始在头版刊登广告，首日在头版最下面刊出 CBS 的彩色广告。

资料：取材自广告传单

《纽约时报》版面编排。

6—3 另类系列广告——麦当劳以音乐舞蹈娱乐大众

这幅刊载于 2009 年 6 月 12 日美国《世界日报》头版麦当劳的广告，以代表麦当劳的黄红色为主色调，显现中国人对这两种色彩的喜好。画面上除了超大的麦当劳汉堡外，另有小提琴手作演奏状。这个以华人为诉求对象的广告，强调麦当劳是以蔬菜沙拉配上鲜嫩牛肉的超大型汉堡。

广告标题写道："我要把莫扎特协奏曲练到完美无瑕"，寓意麦当劳大汉堡货真价实，完美到家。

广告文本(body copy)是这样的：尝过 Big Mac，我知道完美并不是遥不可及，也许我不太可能成为知名的小提琴家，但是我的 Big Mac 有着 100%纯牛肉加上 100%独特原味，始终能让我体会完美的滋味。

广告文本简洁有力，以小提琴手敏锐的体验能力，引申出麦当劳大汉堡达到完美无瑕的境界。

另外一幅是以青山碧空为背景，以舞者不断超越宣扬麦当劳早餐。以上两幅麦当劳系列广告，一为小提琴手演奏莫扎特协奏曲，一为现代舞蹈家翩翩起舞，不断超越向更高挑战来宣扬麦当劳早餐。这两个广告主角同属娱乐范畴，而且蕴含欧美韵味，这种广告表现正中年轻人下怀，向年轻人诉求，可谓恰如其分，发挥最大之广告效果。

6—4 世界杂志广告市场

中国杂志市场潜力巨大众所周知，过去很多国际杂志出版商设法进入中国，因为它们看中中国杂志市场的潜力。但总是不得其门而入，而国际数据集团却是一个异数。自该公司进入中国大陆后，处处得手，一路绿灯，令其他杂志出版商垂涎不已。

国际数据集团的发展策略是："放眼全球，着手地方"（thinking globally but acting locally）。他们认为中国杂志市场极具发展潜力，并向全球扩展。

目前，国际数据集团在国际上已经发展成为领先的出版技术、研究和会议管理集团，在世界 85 个国家出版发行 300 多份杂志和报纸。

美国和欧洲的杂志市场，经过半个世纪的发展已经成熟，但中国这一新兴杂志园地，备受重视。因为中国的广告迅速增长，是杂志业关注的焦点。一些观察家估计，到 2010 年，中国的杂志广告额将达到 30 亿美元，相当于英法和德国的水平。

自从网络兴起以来，杂志业发生巨大变化，在这个网络时代，杂志能否生存发展，一直是杂志业者所关注的问题。有人认为杂志能够在互联网时代生存，但也有人认为应尽快向互联网靠拢，否则前景不妙。

不容讳言，杂志的生存要靠广告。杂志的内容定位和焦点越突出，就越容易争取到特殊产品的广告。虽然面临网络时代，但杂志业却充满信心，因为杂志媒体有其独特价值，在网络尚未开发前，行销业者信誓旦旦，一致认为销售新产品最好的方法是使用三 T：它们是打电话（Telephone）、发电报（Telegraph）与告诉妇女（Tell-a-women）。而杂志是告诉妇女的最好方式，因为杂志的阅读者女性占绝大多数。

2010 年 3 月美国五大出版商联手砸下巨资，强打"平面媒体力量大"的广告，广告中强调：杂志在网络时代仍是强有力的广告媒介，相较于网络内容稍纵即逝，报纸与杂志这种平面印刷媒体更具有持久的深度与质感。所以在网络时代，即使着迷于数码媒体的群体中，杂志的魅力依然有增无减。

以下介绍两幅杂志广告：一为墨西哥鳄梨广告，另一是 DUNKIN DONUTS 甜甜圈咖啡广告。

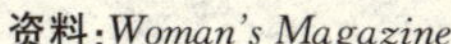

资料:*Woman's Magazine*

这是一幅令人惊奇的墨西哥鳄梨广告,强调鳄梨含有丰富的维他命、矿物质等多种营养素。煮食、生食两相宜,是绝佳的营养食品。

广告设计者对这种产品创意来源,应从其诉求重点“营养素”着手,剖开鳄梨,恰似电灯泡的造型,镶进电灯座上,就是一盏明灯。灯是“光”之能源,意为鳄梨丰富之营养素,就是维护人体健康之能源。在诉求上恰符其意,在视觉上简单有力。

资料:*Woman's Magazine*

DUNKIN DONUTS 甜甜圈是家喻户晓的大众食品,而其副产品“咖啡”是辅佐甜甜圈的进食饮料。广告大标题写道:“只要尝试一次你就知道”。口吻坚定,肯定它无与伦比的美味。这种饮料商品,广告创意应从“美味”联想,在视觉上诉求美味就是一喝再喝欲罢不能,因此以空咖啡杯塞满洗碗机作为广告视觉表现,可谓正中诉求重点。

6—5 从几幅封面揭露媒体秘辛

(1) 娱乐周刊

资料:美联社

流行天王迈克尔·杰克逊(Michael Jackson)在流行音乐史的地位已受肯定,他的成就除了歌唱与舞蹈,也不能忽略他在影片中"声"与"影"的表现。《娱乐周刊》推出迈克尔纪念专辑,留下他招牌式的歌舞身影。

资料:《世界周刊》取材自路透社

娱乐名人迈克尔·杰克逊尤受广告界宠爱。面孔多变,整形医师认为,他整形多次,生前势必承受许多副作用和痛苦,念及此,令人怀念。

(2) 读者文摘

资料:取材自网络

已经有87年历史的《读者文摘》(*Reader Digest*),于2009年8月24日申请破产。惊闻之余,不胜唏嘘,这份脍炙人口的杂志,自童年伴到老年,犹如随身瑰宝,一刻不能或缺,如今却宣告停刊,岂不令人惋惜。

(3) 土屋安娜专辑

资料:《世界日报》

日本影星土屋安娜(Anna Tsuchiya)以猫女形象拍新专辑封面,她自信她的性格和猫咪一样。

(4) 妇女杂志

资料：美联社

在杂志订户连连衰退之际，为了吸引更多年轻读者和广告商，美国妇女杂志封面，期以更新颖的设计方式，改头换面，以招徕更多发行及广告。

6—6 另类杂志广告设计——用一分硬币堆成伦敦桥

“现在向英国打电话，每秒钟只要几分钱”。这是美国 AT&T 所刊出的杂志广告大标题。为强调通话费低廉，以积木方式，用一分钱铜币积少成多，堆成惟妙惟肖的“伦敦桥”，这座桥是有名的伦敦观光景点，乍看之下，十分逼真，设计巧妙，叹为观止，真可列为另类的广告设计了。

资料：*The week* Dec. 4. 2009

6—7　另类广告媒体——厕镜播广告便斗能播报

英国一家“直接广告”(Addirect)公司，从平凡无奇的厕所里所悬挂的镜子获得灵感，研发出新的广告利器“广告镜”(Ad Mirror)新媒体。

“广告镜”外观和一般镜子并无不同，但能够在镜面上同时播放一些影像广告，不论镜子前的人是在洗脸或是在补妆，肯定都会被业主精心设计的广告画面所吸引。为证实此一新媒体的广告效果，厂商在伦敦约 300 家酒吧试用后发现，有高达 63%的人，事后对广告内容仍有印象，其广告效果连超级杯球赛期间的电视广告都难以望其项背。

另外，德国一家号称 Wizmark 的公司，把赚钱念头打到了毫不受人重视的便斗上，研发出一种独一无二的“便斗播报器”。

这种播报器外形类似一般的便斗芳香剂，而且的确具备除臭和杀菌功能，妙的是播报器内装有电子感应器，只要有人在便斗附近 60 厘米范围内停留几秒钟，感应灯便会亮起来，并播出预录的语音讯息。

播报器中央还有一个直径 9 厘米的圆形显示区可以播放文字和图片，听觉视觉双管齐下，如能用这种媒体作草纸、肥皂等卫浴用品的广告，定能发挥广告效果。

现代科技和创意，联手出击，连厕所这种地点都是绝佳的广告场所，真所谓广告的波澜无所不在。

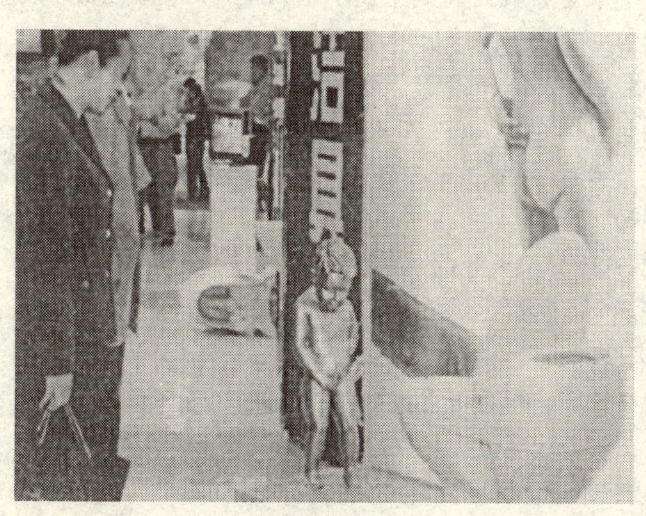

资料：中通社

福州一处清洁用具市场极富创意的马桶广告，吸引无数顾客驻足观看。裸体男童向马桶撒尿，博得行人目光。这个男童雕像在欧洲极负盛名，对广告效果有引人注目的作用。

6—8 谷歌进军电视广告市场

网络搜索引擎巨头谷歌(Google)宣布与收视率调查权威尼尔森(Nielsen)合作,取得电视观众详细资料,进军电视广告市场。

根据双方协议,Google将付费给尼尔森,取得特定电视节目观众的详细资料,制作与播出百发百中的最有效的广告。

Google将尼尔森提供的观众年龄、性别、婚姻状况等个人资料加以解读研判,更精确了解哪些观众看哪一类电视广告,看广告的秒数如何,哪些人根本不看而立刻转台。Google可以锁定广告播出对象,大打产品与服务广告。

Google也希望在它网络广告上拥有的所有优势一览无遗,让观众更了解促使广告最适合的工具是什么。

要使电视广告彻底套牢广告诉求对象,唯一的办法,就是彻底掌握视听众个人资料,而这项资料的获得,依赖调查机构毫无隐瞒地提供。而尼尔森调查机构规模之大,调查资料之准,举世闻名。网络搜索引擎巨头谷歌与尼尔森合作,可谓最完美的搭配,未来如何有待广告学术界拭目以待。

6—9 另类电视广告制作——外行打垮内行

2009年美国超级杯足球赛电视转播最受喜爱的广告,不是由拥有巨额广告费的广告客户和正牌经营的广告公司设计制作,而是印第安纳州贝慈维尔一对失业兄弟的小成本制作,使专业广告人拱手让人颜面尽失。

这个广告杰作是赫伯特兄弟在Doritos玉米片的网络广告征选比赛,脱颖而出,拔得头筹,也打破安布啤酒厂(Anheuser Busch)连续十年蝉联超级杯最佳广告的地位。

广告的内容是这样的:这个异想天开的“免费Doritos”电视广告,显示一个家伙预测办公室每个人都能免费吃到Doritos,然后用水晶球把卖零食的自动贩卖机打个七零八落,体无完肤。

《今日美国报》对超级杯比赛进行期间播出的52个电视广告进行即时分析,以了解消费者对这些广告的喜爱程度,并排列高下。

安布2009年广告表现也不差。它的吉祥物马与一匹马戏团母马的罗曼史高居第二。这匹马吃醋，学狗把东西叼给主人的广告获得第三名。

桥石轮胎(Bridgestone)的马铃薯头夫妇开车出游的广告排名第四。Doritos脆劲的超级力量广告排名第五。

赫伯特兄弟对击败广告之王非常自豪。他俩为了拍这个广告，由于经费有限，买了一台旧贩卖机，为贩卖机准备了5片玻璃板，因此最多只能拍5次，结果第一次就搞定。

所以说广告要有别树一帜的创意，杰出的广告作品，不一定必须经由大广告公司承包制作，小兵立大功，外行打垮内行，从这个实例可以佐证。

6—10　另类电视频道——用电脑看电视

网络应用无所不在，美国各大电视台纷纷通过自家网站播放节目，很多新创网站更以播放电视节目为唯一的服务项目。家里只要能上网，没有电视机照样可以看电视节目。节目内容比家中有电视并付费装配有线电视网的时候还多。省钱又能看很多节目，非常划算。

美国最大电视台ABC专属网站ABC. com，算是网上电视网站的先驱者，操作方式非常简单。但天下没有免费的午餐，电视台通过网站免费播放节目内容，往往比照电视频道的经营模式，在节目播放过程中穿插广告；而且ABC. com经

资料：取材自《纽约时报》

据Hulu①负责人声称，该网站所提供的线上电视服务，将延伸到手机及其他手持式电子产品。

① Hulu是美国最受欢迎的视频网站之一。由美国国家广播环球公司和新闻集团共同注册成立，在洛杉矶、纽约、北京均有办事处。

由特别设计，让观众不得不在广告结束时按个按钮才继续播送节目，观众只好看30秒的广告。按照ABC.com的模式，网上频道的广告效益比传统电视频道来得高。今后，相信聪明的广告主对广告投资必须重新盘算，不能忽略网络频道的广告效益，开拓另一个广告平台。

6—11 另类电视广告诉求——戴尔感性出击

随着个人电脑日渐普及，电脑制造商不再一味夸耀产品功能。戴尔(Dell)新一波广告，以感性诉求来打动消费者。

戴尔的新广告策略，凸显消费者使用戴尔电脑的乐趣，例如电子游戏与影像编辑。

这种广告表现，与传统个人电脑广告背道而驰。新广告将主打电脑个人化，同时强调戴尔的品牌而非价格。因为一般社会人士使用电脑的方式正发生剧烈的变化。戴尔所生产的正是你所需要的电脑，而且为你把电脑个人化。

曾是电脑界宠儿的戴尔欲藉这种广告策略，勾起消费者的兴趣，并加强其企业形象。因为个人电脑生产者需要用产品建立一种情感关系，过去强调速度快功能好价格便宜等诉求不再是广告利器。诉求个人化，强调趣味性，来跟你博感情。戴尔的电视广告画面结束时，出现“全然为你”(Purely You)的标语，正中消费者的心怀，博得消费者青睐。

6—12 另类促销策略——电视广告洋溢族群和谐

美国由于少数族裔人口和经济力成长快速，越来越多的电视广告充满族群和谐的表现。例如电视广告显示各族裔学生在操场上打篮球的和乐情景，或一些中年白人和拉丁裔男子坐在沙发上，一起欣赏美足超级杯大赛，或亚裔和拉丁裔在一个嘻哈乐俱乐部跳舞的镜头，都在为族群和谐贡献出力。

这种广告是一个微妙却日益明显的促销策略，称为“视觉多元化”。这种广告使广告主能向更广大的群众诉求，也传达了美国对种族的态度不仅是接触，而是容纳。多元文化的广告也许证明了美国的同化深具活力，但对广告主来说，这纯粹是精明的生意经，他们了解到一个新的文化主流推崇多元化，以及美国正快速迈向多数将不再是白人的世界。

正如奥巴马总统感受到美国人愿意融合种族问题，广告主也诉诸这种意愿。

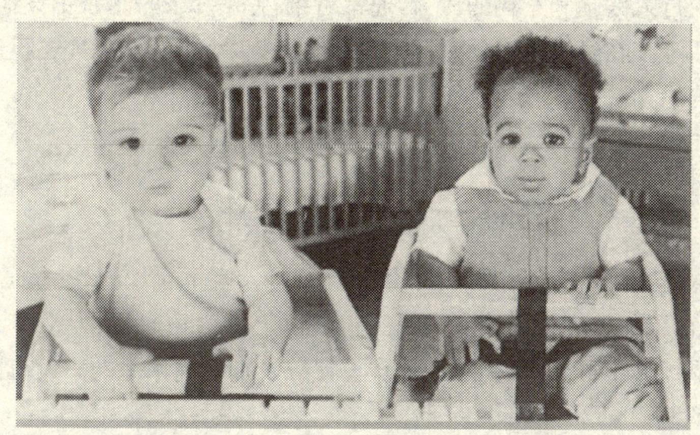

资料：美联社

电视广告“族群和谐化”，图为 E-Trade 的广告，原先的代言人——9个月大的白人男孩，多了个非洲裔小同伴。后者也赞成上网投资。

6—13　另类崭新广告技术——使电视观众非看广告不可

一般人看电视时，碰到广告就快转前进或离座喝杯热茶。但由于科学进步，研发一种新的广告形式，使电视观众非看广告不可。

这种由加州 Keystream 公司研发的新技术名为“自动置入覆盖广告”(automatically placed overlay advertising)，利用精密的电脑运算功能，找到电视荧屏中的空白处，像天空或一片墙壁，使厂商的商标或广告文案出现在上面。

这项新技术利用够大的荧屏空间及时置入静止的商标，一切全自动。这种空间可以控制，使我们得以收到广告主与观众的回应，它是一种崭新的掌控广告的工具。

6—14　另类广告媒体——人行步道铺设广告

美国新泽西州大西洋城的海边木板步道，每年吸引数百万名游客，该市政单位推动一项新计划，在繁忙的人行步道出售广告空间，增加人行步道的经济价值，创造新收入，支撑该市的预算。

人行步道的广告就像垫子一样，铺设在人行道上，用黏胶粘贴在地上。这种广告能承受行人践踏和车辆的压力，通常可维持3～12个月，视铺设地点及日常交通流量而定。在经济不景气时期，一般企业减少大众媒体的广告投资，这种花小钱做广告的办法，不妨多加尝试。

6—15　另类广告媒体——电视广告船

广告媒体无处不在，只要人多的地方，上自天空下至地面，凡是适合传播的地方，处处都可作为广告媒体。长江三角洲以上海为核心，致力于扩大发展，力争跻身世界级城市群，凭其优越的地理位置以及拥有高水平的广大市民，正是广告传播的圣地。

不过“电视广告船”的构想令人称奇，可谓广告传播的创举。游弋黄浦江的这艘“电视广告船”，载着30米长、8米宽巨型电视屏幕，浩浩荡荡在上海黄浦江

资料：中新社

电视广告船，游弋黄浦江。

上游弋，有声音有影像，尤当夜阑人静，成为一道引人注目的风景，获得最大广告效果。不过此一最新广告媒体，适用于人口稠密地区，因为广告船的改装等费用浩大，必须由广告效果，获得合理的回报。

6—16　另类广播电视广告渠道——谷歌推销播映时段

网络搜索引擎巨擘谷歌(Google)，继续把经营触须伸向网络之外，涉足获利丰厚但竞争激烈的电视广告市场。谷歌通过线上拍卖系统，销售电视广告时段，由广告主竞标价格。广告主可以针对行销对象，挑选广告播出时段和区域，谷歌会把得标者的广告传送到 Echo Star，让这些广告从 DISH 播送给收视户。

电视愈来愈像网络，只是电视代表成千上万个网络，需要的内容更多。因为市场愈来愈分散，广告主很难针对每个市场行销，所以他们需要的是一个更进步、更自动的平台。

搭配 Echo Star 的机顶盒，谷歌可以在 24 小时内让广告主知道广告播映次数，观众收看时是否转台等资讯。此点绝对能吸引广告主。因为过去要想知道这些资讯，只能从尼尔森(Nielsen)访调一万个家庭后的数据推断，如今却可以得知实际的可靠数字。由媒体抓住视听众行动，并获得控制，使广告效果倍增。

资料：美联社

谷歌和 Echo Star 合作，销售 Echo Star 旗下 DISH 卫星节目的广告。图为 DISH 网络卫星设备在纽约展出。

谷歌除和Echo Star合作推销电视广告时段外，又和全美第一大广播业者清晰频道通讯公司合作，将其旗下675家广播电台，播放Google线上客户的广告。此举显示Google的广告触角已逐步伸到传统媒体。

这项合作可让广告主通过Google的在线广告销售系统，竞标广播电台的广告时段。至此，谷歌可同时推销电视和电台的广告时段，成为网络业涉足广播、电视的先驱。

资料：取材自网站

全美第一大广播业者清晰频道通讯公司总部外墙，公司英文名称及"C"标志。

由于谷歌快速扩展网上广告市场，并购网络广告服务业Double Click公司，树大招风，引发微软(Microsoft)、时代华纳(Time Warner)以及AT&T等竞争对手的疑虑，应严格审查是否有垄断市场之嫌。争议焦点是，Google是否已在网络搜索广告以及相关的广告市场独占鳌头，并购Double Click后，这位搜索巨人势必称霸网络横幅广告与网站影音广告市场。

这桩并购交易，也引发个人隐私的疑虑，因为线上广告巨人的Google，将因此掌控个人消费行为的庞大资讯。但Google公司强调：Google向来主张建立蓬勃与健全的线上广告市场，并不认为这桩并购违反竞争。

6—17 广告主按广告效果付费新措施

广告代理业即广告公司与媒体之关系在台湾，有几项原则：

(1) 广告代理业对媒体负有支付广告费等一切责任。

(2) 广告代理业向媒体约定，决不把媒体所认定的佣金拆让给广告主这两项原则足以说明广告公司是按媒体订定广告费收受一定比率的服务费，不论广告效果如何。换言之，广告主在广告刊播后，不论效果如何，必须向广告公司支付媒体订定的广告费。但美国的广告公司替客户（广告主）服务后，收取佣金的做法，即将成为历史，包括宝洁（P&G）与可口可乐等公司，开始依照广告效益付钱给广告业者，此举可以说是空前的也可以说是另类的，这对饱受不景气之苦的广告业而言，无疑是雪上加霜。

宝洁旗下品客薯片（Pringles）和可口可乐率先采用新做法，依照广告为品牌创造的价值付费，希望广告公司在广告企划与制作上更负责任。

可口可乐公司根据合约支付广告公司初步费用，之后再按广告效果支付总获利三成的酬劳。不过在经济衰退大幅侵蚀正规广告业营收之际，此举将使广告业者的处境更加艰难。但以广告主之立场而言，重视广告效果，按广告效果付费是必然之趋势。推动此项重视广告效益之变革，是所有广告主共同的重责大任，也是广告公司必须专注的新课题。

第七章　另类广告大荟萃

7—1　另类广告省钱法——自家员工代言

“老王卖瓜自卖自夸”，这是家喻户晓的一句成语，英国许多企业近年来流行用自家员工拍广告，不但省钱而且颇具说服力，市场反应出奇的好，更有激励员工士气与强化公司向心力的效果。

由自家员工代言广告，首推居家修缮业者特力屋(B&Q)，事实上，特力屋并不是英国第一家用自家员工拍广告的公司。哈利法克斯银行(Halifax)的电视广告，就是自家员工霍华布朗所拍的，由于长期播出，使这位员工成为英国知名人物。用员工代言广告极具说服力的主因在于员工具有地方代表性，用他们拍广告可让消费者更了解我们的品牌，认同感也高。

沃尔玛超市(Wal-Mart)旗下的 Asda 连锁超市，认为用自家员工拍广告，更

资料：取材自网络

包括特力屋(B&Q)在内的许多英国企业，流行用自家员工拍广告，既省钱又具说服力，还能激发员工士气，强化企业的凝聚力。

能反映出企业特有文化，因为Asda超市的经营宗旨就是帮顾客省钱，当然也不会花大钱请名人拍广告。Asda的广告独特之处在于拍摄手法多以纪录片方式，并没有固定脚本，拍摄时让员工很自然地表达为何喜欢Asda。

至于哈利法克斯银行的广告，是用歌舞片形式，其拍摄手法虽与Asda超市南辕北辙，但广告本身基本上都是员工们职场经验的告白，诉求对象都是大众市场。

7—2　另类广告科技——香味广告

在印刷品的油墨中添加香料，印出带有香味的广告，这种广告，姑且称为“香味广告”。以日本而言，曾于第二次世界大战后在《朝日新闻》刊出带有香味的“三轮牌”肥皂的广告，此为日本香味广告之始。其后日本森永制果公司，曾刊出该公司出品的牛奶糖气味的广告。

资料：取材自传单广告夹页

撕开型香味四溢的香水广告，消费者闻到香水的香味，才能达到促销的目的。

其实香味不但是用作广告诱人的手段,也是促销产品的利器,利用香味促销成功的例子不胜枚举。英国已有很多超级市场、银行和车行,利用特别设计的香味来吸引顾客消费。婴儿用品公司利用爽身粉和泡泡糖的气味来吸引婴儿父母。其他如贩卖T恤、休闲服和洗衣机的,则精心设计一些有洗衣感觉的清新香味,来提升顾客的购买欲。而糕饼店更刻意地喷出一些刚出炉的糕饼味来挑起顾客的食欲。

英国著名的香味公司 Aroma Company 强调,香味是它们的最厉害武器,它可令人产生强烈情绪反应,引诱顾客购物。

资料:取材自传单广告夹页

撕开型香味广告,宠物狗和模特儿,温馨姿态十分撩人。

资料:梅西(Macy's)杂志夹页撕开型香味广告,模特儿姿态与香水相辉映,加上广告摄影技法,日臻完美。

资料:美国梅西(Macy's)百货公司广告小册撕开型香味广告撕开后呈现商品全貌。

7—3 另类地板广告——会说话

美国新泽西州西温莎市，有一家地板绘图公司（FLOOR graphics），目前在全美拥有万家超市客户，在这些客户的地板上设计该客户各种产品广告图案，其作用像是马路上的减速凸条，可促使顾客在超市内多作逗留和购物。

这种地板广告附有闪烁的灯光，当顾客的脚踏上地板广告时，它就发出声音。

这家地板绘图公司，还拥有制作三维空间广告的专利，可以设计出看起来好像会从地板上冒出来的立体感广告。

据研究结果显示，75%的购物者，是在店内做出购买的决定，如果你做地板广告，你所要争取的市场对象，就会每天来向你的广告报到。

资料：美联社

一名妇女正站在地板广告上面。

7—4 另类招生看板——打华裔牌推广东方文化

美国新泽西州威廉帕特森大学（William Paterson University）特别重视多元文化教育，从该校加强对东方文化尤其是中华文化的研究和教育，即可见一斑。该校招生广告更以该校美术系华裔教授丛志远为主角，突显了对推广东方文化的重视。

这个看板广告的诉求，简而有力，标题是："你的下一位导师"，内容是：在威廉帕特森大学，有进取心的学生和专业的教授，有一个共同点，我们坚信，在一起是为了一个目标。那就是"融会东西文化于一体，美化世界成一家"。

资料：威廉帕特森大学提供

威廉帕特森大学，以华裔教授丛志远作为该校招生广告牌的主角。

7—5　另类专卖店广告——搭流行热潮主攻年轻族群

2008 年凄风苦雪的冬天，仅有一些低价折扣店在经济不景气中受惠。但意外的是，主攻青少年的另类专卖店的广告大放光芒，频频报捷，开出亮丽红盘。

这是因为像热门话题（Hot Topic）、美国服饰（American Apparel）与 Buckle 这类的零售商，抓对了年轻人的流行趋势。热门话题公司，因为"暮光之城"（*Twilight*）电影的相关产品，经大做广告后，业绩猛增。

抓住时势是零售商生死关键，以美国服饰公司而论，它们的优势在于它们的顾客阶层是一些喜欢创意的年轻人，这些人本来就是拮据度日，面临经济萧条，这次所受的冲击反而很低。

较鲜为人知的 Buckle 专卖所谓“歌德风”青少年服饰，正好赶上“暮光之城”带来的吸血鬼热潮。Buckle 卖的服饰，衣服上充满骷髅头与十字架，其营业额呈现逆势倍增。这是因为抓住年轻人追求流行的心理，才能突破逆势，使业绩得到意外的提升。

资料：取材自网络

2008 年，全球遭逢金融海啸，美国零售业普遍不景气，折扣低价当道。但是销售“歌德风”服饰的青少年服饰零售店，却搭上“暮光之城”的吸血鬼电影热潮，营收逆势开出红盘。

7—6 另类广告行销——香水洒电梯

国际品牌香水在行销上常有特殊手法。例如雏菊香水上市时，派出车篮塞满雏菊的脚踏车队游行；而伊丽莎白·雅顿则使出“体验式行销”，以刺激买气。

香水是极度梦幻与想象的商品，即或广告影片拍得再性感，香水成分表露再清楚，都比不上直接闻到味道。于是香水业者纷纷发挥创意，在台湾挑选 50 座金融或商业区大楼，在其办公大楼电梯装自动喷洒器，以“体验式行销”刺激买气。

许多上班族在等电梯时总觉得“空气怎么香香的?”狐疑的同时，电梯旁边的电视墙就在播放刚闻到香水的广告，令人印象深刻，甚至忍不住冲到百货公司的专柜购买广告中的香水。这就是“体验式行销”的效果。

资料:取材自《世界周刊》

香水诉求极度性感，女星伊娃·门德斯(Eva Mendes)，在 CK“私密爱恋”香水广告中就相当撩人。

资料:取材自黄义书摄影记录

伊丽莎白·雅顿推出 Pretty 绽放花漾香水,在大楼的电梯口不断播放广告,且每隔五分钟自动喷洒香水一次,这就是创意的"体验式行销"实际的进行过程。

7—7 另类广告行销术——制造神秘感

苹果公司的广告行销术,以制造神秘感,来推销其 iPhone,集移动电话与音乐播放机于一身的 iPhone,上市前的媒体曝光度与报导篇幅,已远超越其他产品。

苹果是最能制造神秘感的一家公司,作为广告诉求主轴,iPhone 通过网络广告,维持消费者高昂的兴趣。然后在电视转播奥斯卡颁奖典礼时,播出第一个电视广告,只有一句"哈啰"的广告词。苹果自 1984 年推出麦金塔电脑(Macintosh)以来,最擅长这类口语广告,而此种行销手法也较省钱。

从广告与行销的观点,苹果的手法远胜其他公司,堪称是历来最成功的产品造势活动。

7—8 另类商场广告新招——视音讯广告装置

美国新泽西州,越来越多的商场开始装设复杂的视讯以及音讯广告。这些原本装设在高速公路用来警告汽车驾驶人交通情况的告示牌，如今被商家用来针对气候的改变。例如在下雨时提醒购物民众可在何处购买雨伞。

目前，这种视讯及音讯广告装置，其装设目的不针对气象，凡是购物商场有这种告示牌装置的，就能促使顾客一踏入该商场即争取他们注意的目光，进而促使他们打开荷包，付钱购物。

假设某家商店，因大作这种广告所促销的商品卖光了，广告告示牌立刻叫卖其他商品。

7—9　另类洗发精广告——聘男性代言

一般洗发精广告，皆由女性担当演员，试问男人的意见可能影响女人对洗发精的看法吗？卫浴用品大厂联合利华公司(Unilever)认为答案是肯定的。

为了替晴丝洗发精(Sunsilk)打响知名度，联合利华公司决定在美国市场推出以三名男性为主角的洗发精广告。

联合利华的行销人员在市场调查后发现，20 几岁的女性认为“女性和女性虽然会像朋友一样聊天，但彼此间仍难免有些妒意”，而电视剧《欲望城市》里男性朋友的角色，最能讨女性们的欢心。联合利华公司为证实此一正确抉择，曾访问 500 位年轻女性，发现女性大都热爱电视剧中的男性角色。

7—10　另类餐厅服务生——启用猕猴端茶送餐

日本一家餐厅老板突发奇想，动用猴子作服务生端茶送餐，十分殷勤，博得顾客喜爱。

这家餐馆老板最初将“福西”和“雅特”两只猕猴当作宠物来养，后来他注意到年龄较大的雅特总是喜欢模仿他的动作，于是他灵机一动，何不训练猴子到餐馆工作？有一天这位老板试探性地给雅特一块热毛巾，它便把毛巾拿给了顾客。顾客们对猴子的服务表现非常满意。

一些顾客表示，“雅特”非常聪明，他们喊再要些啤酒，没想到雅特真拿来啤酒。它服务的态度，甚至比服务差的人类服务员强得多。

“雅特”和“福西”已经得到当地政府颁发的证书，合法地在餐厅工作。碍于《动物保护法》的规定，准许每日工作 2 个小时，因此“雅特”和“福西”通常必须轮班工作。目前正在训练另外3只小猴子，也许它们很快就能上岗了。

“福西”在享用顾客赏赐的小费——几粒大豆。

资料：《今》周刊 VOL. 615 Oct. 18. 2008

身穿工作服的“雅特”为顾客送饮料。

7—11　另类都市计划广告——以山姆叔叔造型作号召

纽约市启动“服务纽约市”计划，以山姆(Sam)叔叔造型呼吁年轻人加入义工行列。在年轻人心目中，山姆叔叔足以代表美国政府，发号施令，展现其至高的权威感。

资料：美联社

7—12 另类房屋装修公司广告——套用美国征兵海报

这幅房屋装修公司的广告，利用第一次世界大战由山姆叔叔作主角的美国征兵海报作为广告表现方式，山姆叔叔面向大众，直指看这幅广告的人说："我希望您重装您的窗"，那副严肃的面孔，直逼着您，不达所求，决不罢休。其表现方式直截了当"我要你……(I want you ...)"，这句广告词，脍炙人口，尽人皆知，套用这句广告词，用在促销其他产品或劳务上，依然能发挥较大的广告效果。

资料：传单广告

7—13 另类提高鸡蛋价值法——广告鸡蛋

你听说"广告鸡蛋"这个名词吗？日本大荣超商集团想出新点子，在贩售的鸡蛋上张贴广告，不仅提高鸡蛋价值，也让广告深植消费者心中。这种"广告鸡蛋”在大荣集团旗下 200 家店铺发售，受到相当好评。

资料：路透社

7—14 另类酒厂广告——启用太空失重演员

有一家被称为“安布”的酒厂，在其新版广告中，一名模拟“国际太空站”失重的演员尽管全身飘浮空中，仍不忘手举百威啤酒。

资料：美联社

7—15　另类广告媒体——安检盒登广告

为减轻机场安检支出负荷，美国联邦运输安全局(TSA)，把各安检站的安检置物盒底部出售给广告商作为张贴广告之用。

以洛杉矶国际机场为例，为提供安检站所需的置物盒、推车及铁桌，每年约需 20 万美元。因此，机场当局乐于把这些安检设备的广告张贴权，出售给广告商作为广告媒体。

此项计划将推广至全美有意加入的机场。唯张贴任何广告必须谨慎，不希望使旅客感到困惑的事情发生。

在这个宽 12 英寸、长 17 英寸的安检置物盒上做广告的这种措施，可使广告公司及各机场收益达数百万美元，使机场当局和广告招揽者互获其利。

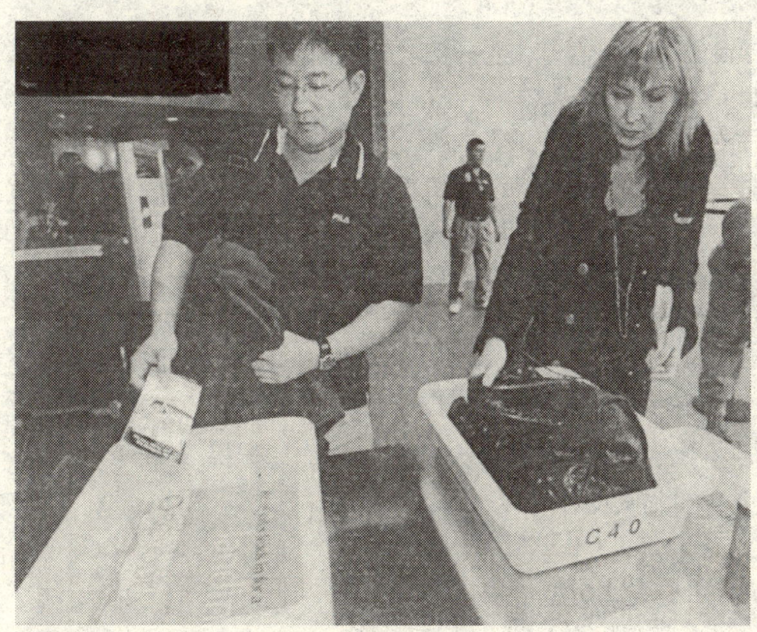

资料：美联社

美国联邦运输安全局，为了节省机场安全检查的开支，把安检站置物盒底部卖给广告公司打广告。图为两名旅客在洛杉矶国际机场安检站，把随身物品放于置物盒内，接受 X 光扫描检查。

7—16 另类招募护士广告——甜言蜜语赠奖送钱

且看这样谦虚、彬彬有礼的广告，广告词这样写道："拜托，拜托！请接受一个高薪工作。只要来面谈，你就有机会获得现金或奖品。"经济不景气时，各行各业到处裁员，这样的征才广告，看起来不像是真的，但在美国护士人手奇缺，因此招募机构无不发挥创意，招募护士。

密歇根州一个招募护士的机构，在征才活动时铺红地毯，欢迎有护士资格的人前来应征。另有一家居家医疗照顾机构征才时提供免费香槟酒，其他奖项有2009年多功能车租赁1年、提供旅馆和大餐招待。

美国护士荒是个老问题。长期的护士荒导致需要护士的机构人员不足，因此影响照顾病人的服务品质和护士的工作成就感。美国护士荒自第二次世界大战期间开始，每8到10年1个循环。

在低迷的经济中，除护士外其他行业找工作可以说难上加难，求职者无不使出浑身解数，谋得一席之地。

这些招数十分奇特，有的人寄履历时，顺便寄上一只鞋，表示"让我把一只脚踏入你们公司的大门"。那些想抓住老板注意力的人，跑到公司停车场擦洗车辆以求碰到老板。为找工作而孤注一掷的人，在公司大厅打坐，见不到公司负责人就不离开。有些人用软功夫磨，把自己的照片和名片附在一个大蛋糕上，送到人事部门经理桌前。也有的人在咖啡杯上印刷自己的求职广告，向相关人士派发。甚至有的人专门到某家公司老板常去的理发店去拉关系，通过理发师傅向老板说情，至少也会引起老板的注意。

以上事找人，人找事，两种截然不同的处境，是供需关系，是主动被动关系，无论如何，对身临其境的人，这些妙招，多少有些启发作用。

7—17 另类戒烟广告

在广告诉求方面有所谓硬性诉求（hard appeal）和软性诉求（soft appeal），直接陈诉商品的优点者属于硬性诉求。如果广告内容以气氛、幽默、间接陈述时，则属软性诉求。戒烟广告一般多陈述吸烟对身体有害，但这个戒烟广告却一反常态，用软性诉求，博得广大的观众所认同。这个广告是这样的：

画面中站在地铁站的小男孩，因找不到妈妈而惊恐哭泣，广告词加强语气说："失去您，您的孩子会怎样？"提醒吸烟的家长，能正视烟瘾损害健康，如果死于吸烟，将带给孩子和家人深远的影响。

这种诉求有别于"恐惧"诉求只强调吸烟所导致的健康问题的做法。而这个广告则具有温馨和教育意义，属于一种柔性诉求的手法。

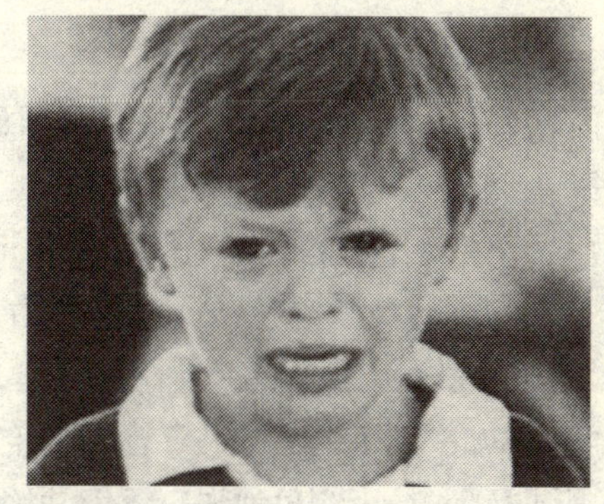

资料：《世界日报》

地铁站的小男孩找不到妈妈惊恐哭泣。

近年来，世界各国年轻女性吸烟率有上升趋势，巴西政府鉴于事态严重，为遏制吸烟率不断上升趋势，非用极端手段不可，所以采用写实的手法来呈现人们对二手烟的厌恶。于是推出了一系列高震撼力的反吸烟广告。

印在香烟盒上有10种烟害图像。包括孩童厌恶二手烟的表情和一位年轻女郎的面孔，由于长久吸烟，面临死亡，在病床上临终的可怕模样。每则广告以写实的手法令人怵目惊心，印象深刻。

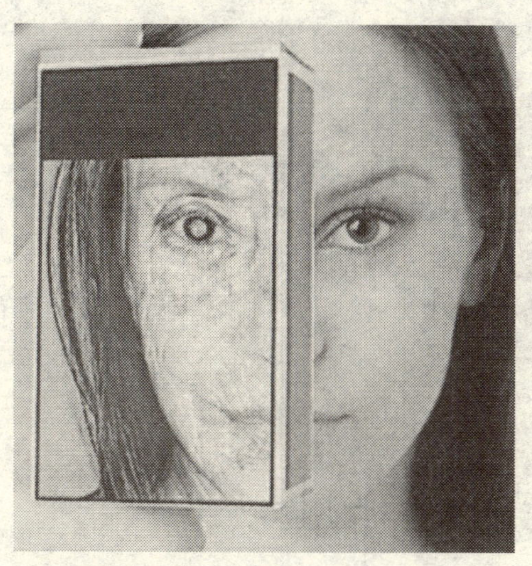

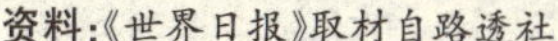

资料：《世界日报》取材自路透社

7—18　另类酒商广告——沿街洒酒

广告要有创意，创意越出奇广告效果越好。但酒商沿街"洒酒"的怪招，极为罕见。吉林市"老伙记酒"在赠饮白酒的同时，由礼仪小姐手捧酒桶当街洒酒。一时间酒味熏天，招致市民掩鼻回避。

另一烟台啤酒广告，虽无"老伙记酒"那样潇洒肯花大钱，然亦有妙计，值得一诉。烟台啤酒，在繁华的大世界游乐场举行免费喝啤酒比赛，喝得最多的前三名，可以得奖。这种新鲜活动，引起大多数市民的兴趣，纷纷前往狂饮，你追我赶，不知醉倒了多少嗜酒者当场出洋相，使许多旁观者拍手叫好，事后，大家还把所见所闻，绘声绘色地辗转流传，报纸也作了新闻报导，给烟台啤酒作了免费广告，效果丰硕。

资料:《世界日报》

吉林酒商为了促销，在市区到处洒酒。

7—19　另类航空广告——总裁员工全裸出镜

新西兰航空新一波的广告真够另类，为强调机票费用全包性质，广告中的职员都坦荡荡出镜，只在身上画上人体彩绘扮制服，连行政总裁法伊夫也亲自上阵。

新广告共有八名新西兰航空职员参与，这个广告在新西兰电视台和You Tube网站都看得到。片段中的航空职员如机师、空姐以至行李运送员等都一丝不挂，只是在身上画上人体彩绘的制服。乘客起先都不以为意，但看清楚后都面露诧异之色。

广告巧妙地利用餐车和行李，遮掩职员身上的重要部位。法伊夫在广告片中扮演行李运送员，大卖肌肉。

航空公司此次广告强调一票全包、毫无隐瞒任何费用，完全透明化。是针对部分航空公司对手将餐饮、食物和毛毯等分开收费，借以降低票价来争取客户。

资料：取材自网络

新西兰航空广告中，行政总裁法伊夫（左）一丝不挂，扮演行李运送员，身上只有人体彩绘的制服。

7—20　另类促销妙法——橱窗真人秀

知名彩妆品牌在曼哈顿苏荷区布鲁明岱尔百货公司（Bloomingdale）的橱窗内办起真人秀，推销新一款的香水，模特儿换上居家黑色性感睡衣、脚蹬桃红色高跟鞋、盘起20世纪70年代的发型，在充满复古气息的家具和化妆台旁补妆喷香水，不时拿起桌上复古电话佯装在打电话的模样，吸引路人纷纷驻足围观。

来自波士顿的游客原本以为橱窗内的模特儿都是假人，没想到模特儿突然动了起来，还亲切地和观众们挥手微笑，吓了他一大跳。于是赶紧拿起相机拍照留念，直呼“这样的行销方法真的够另类！”

资料：取材自《世界日报》记者黄靖文图片
本篇内容系黄靖文先生编辑。

7—21 另类计程车司机——请乘客留画招揽乘客

现在是讲究“创意”的时代，生活在创意的世界里，任何事物都离不开创意，做生意讲究创意，则生意兴隆大发利市，尤其创作广告，无创意的广告则视而无睹，听而无闻，所以创意对广告之重要可想而知。

现在讲一个“计程车司机请乘客留画”的少见的很有创意的故事：故事的重点是这位司机开车小心，力求平稳。曼哈顿有位计程车司机比拉达（Fabio Peralta），他开车比任何司机都小心，尽量躲避路面坑洞以免剧烈颠簸。比拉达把他的车后座变成乘客的艺术工作室。当乘客一上车，就会递给乘客一支笔和一叠纸，请乘客发挥创意。要求乘客创作是为了“让人们暂时忘掉生活压力，享受乘车乐趣”。这位司机目前已收集了 7 000 多幅素描画作，打算印成画集。此外，比拉达又有新创意，这个新创意是“30 秒乘客摄影短剧”，并把印好的画集送给参与画作的乘客。

资料：取材自《纽约邮报》网站

另类计程车司机，请乘客留画。

7—22　另类善用广告时机——趁总统就职打广告花钱少效果大

2009 年美国总统当选人奥巴马发出“希望”的政治口号后，使其民众支持率高得史无前例。因此，百事可乐(Pepsi)、宜家(Ikea)、土星汽车(Saturn)等大公司利用这次就职典礼，借用奥巴马带来的商机大打广告。

接近就职前的一些广告措施，值得参考：

(1) 百事可乐——在华府建筑物的墙柱(wallscape)、看板、巴士等，都有广告，大肆宣扬“希望”。还礼聘名女星伊娃・隆格莉亚(Eva Longoria)和音乐家威廉姆・亚当斯(Will・i・am)在全美各媒体做广告，高呼“总统先生”，奥巴马是美国首位非裔总统，他既年轻又懂网络，他的就职对于消费品公司很有诱惑力。美国历史上从未有这么多公司，愿意在广告上发出政治讯息。百事可乐副总裁库柏说：“此一广告投资比我们在超级杯的投资少得多。但我们认为，得到的效果却超过超级杯。”

(2) 瑞典家具公司宜家(Ikea)——在国会附近的联合车站,复制了一间总统椭圆形办公室,里边塞满了宜家品牌的家具,还让雇员装扮成特勤人员。

(3) 通用汽车公司的土星分公司——派出一个由油电混合车 Vue 组成的车队开往华盛顿,展开"通向变化之路"的旅行。车队在沿途各大学停顿,供大学生在大纸板上签名,并写下祝福奥巴马的语句。

(4) 芝加哥比萨店——推出"奥巴马风味"比萨饼,表示祝贺新总统就职之意。因为奥巴马政治生涯是从芝加哥发迹的。

(5) 百威啤酒——四处散发"就职啤酒"(Inaugur ALE)的招贴。

7—23 另类店面广告——鱼贩好刀工鱼皮当招牌

据《世界日报》报导:竹围渔港有位张姓鱼贩,不但宰鱼刀工好,生意头脑更是一流。他深信不论做任何行业,广告传播非常重要。其次要注重货真价实,他经营鱼贩十五年来,体会到一个道理,那就是鱼不新鲜就无人买,所以他坚持做出口碑,"实实在在卖好鱼,不然再多花招也没用"。他勤练宰鱼刀工,最终他练就好手艺,能将皮厚 3 厘米的"苏眉鱼"皮完整割下,制成亮丽标本。他想我是卖鱼的,如何令人对我鱼摊产生眷顾念头,竖立一个与众不同的招牌十分重要。于是在他的摊位前挂着一张一平方英尺大的鱼皮,就成为镇店活招牌。

资料:辑自《世界日报》记者贾宝楠先生采访资料

张姓鱼贩刀工一流,亲手制作大幅苏眉鱼皮标本当作摊位活招牌。

这个奇特的鱼皮招牌,不但引来购鱼人们围观,也使他的营业业绩大大提升,羡煞了邻近鱼贩。这个案例给广告人很大的启示,那就是广告素材无所不在,凡是天上飞的,地上走的,水里游的,均可用作广告素材,问题在于如何运用,用得是否恰当而已。

7—24　另类生财之道——发传单赚钱

自 2009 年金融风暴全球经济不景气以来，常有失业人士挂上夹心广告看板求职，在纽约时报广场附近徘徊。若以这种方式替百老汇秀散发传单赚钱也不失是个好主意，尤其是在戏院附近地区人群密集，接受传单效果奇佳。

图中女郎系年轻貌美的女演员哈希曼(Maura Hashman)，挂上广告看板替百老汇秀《39 级台阶》(*The 39 Steps*)宣传。她也曾用同一方法为另一出秀《美丽原因》(*Reasons to be Pretty*)宣传。挂上夹心广告看板发宣传单的工作，每小时工资 17 美元，另加 5 美元佣金。

资料:《纽约时报》

妙龄女郎挂着夹心广告看板，替百老汇散发广告传单，在熙熙攘攘的人群中，格外引人瞩目，也是打工赚钱的好途径。

7—25 另类推销术——以电玩作诱因

近年以来,"电玩"不断抢走原本爱看电视或杂志的消费者,现在更进一步抢占大广告客户的生意。反映出新媒体和新科技对传统广告业务的攻势,广告业不得不顺应潮流,纷纷设立特别的电玩部门。Wrangler Rubicon 越野车为大肆宣传,以电玩作为吸引顾客,注视其广告的诱因。在网络上免费提供,让玩家驾驶这种特别剽悍的越野车,上山越水横行无阻,给酷爱此型的玩家刺激与兴奋。此项广告活动仅六个月,就有四成的电视观众有意购买,其广告效果之大可以佐证。

美国李维牛仔服饰和宝洁公司都曾出钱赞助"Nascar 2005, Chase for the Cup"电玩,为制作厂商——电子艺术公司带来巨额的广告收入。

对于福特汽车公司富豪部门,为争取手头阔绰的年轻电玩族,更有其必要的理由。甚至把这个片段制成电视广告,而且不惜出资开发供电玩游戏机使用的软件。

由于广告与游戏融于一体。电视收视者必须聚精会神乖乖地接受电玩的诱因进而观看电视广告。

7—26 另类企业广告——同仁堂的广告新招

为维护"同修仁德"形象,北京老字号同仁堂特别重视形象。例如北京城内每年清理城沟一次,每次需时月余,同仁堂为维护行人安全,在清理城门沟渠处悬挂灯笼,上边写道:"小心有沟同仁堂敬启"字样,既方便行人,也为同仁堂做了企业广告。所有看到"沟灯"的人都把"同仁堂"三个字记在心里,这是花多少钱也买不到的"人心"。

清末科举会试,同仁堂到各地举子住处,馈赠滋补药品,博得举子赞扬。每逢药王诞辰,同仁堂大宴宾客,并聘名角唱戏,以娱嘉宾。借以提高社会影响力。

同仁堂对社会慈善事业之资助也不遗余力,如冬设粥厂,夏送暑药,办义学,施义药等,对广结善缘,提高声望等广告效果,不亚于现代利用各媒体所做的广告。

7—27　另类橱窗广告——美国史密斯全家福照竟成捷克橱窗广告

在捷克首都布拉格闹市一隅，一家欧洲食品专卖店的橱窗，意外看到美国家庭史密斯全家福巨幅照片。于是拍了下来传送给史密斯，使她大惊失色。

布拉格这家商店老板说，这张照片取材自电脑网络，他以为是用电脑拼凑制作的。在获悉这是一张真实的全家福后，表示很愿向他们全家道歉，如果史密斯家人住在捷克，他会附送一瓶好酒。

史密斯在她的网站公布这段奇遇，如今吸引了无数人次的点阅，使这家食品店生意兴隆，名声大噪。而史密斯经过这次教训，使她学到以后在网络上公布照片，应该降低清晰度，或是加上电子水印，让别人不易复制。

资料：美联社

住在圣路易郊区的史密斯一家四口为圣诞卡拍摄的全家福，莫名其妙地成为捷克首都布拉格一家商店橱窗的巨幅广告图片。

7—28　另类罕见广告——人体广告看板

澳大利亚一名叫贾森·尼布林的男子，为了挣钱养家，突发奇想打算成为澳大利亚第一个“人体广告看板”。

贾森·尼布林平素喜欢文身，曾在身上刺了很多图案，左脸刺的图案有如昆

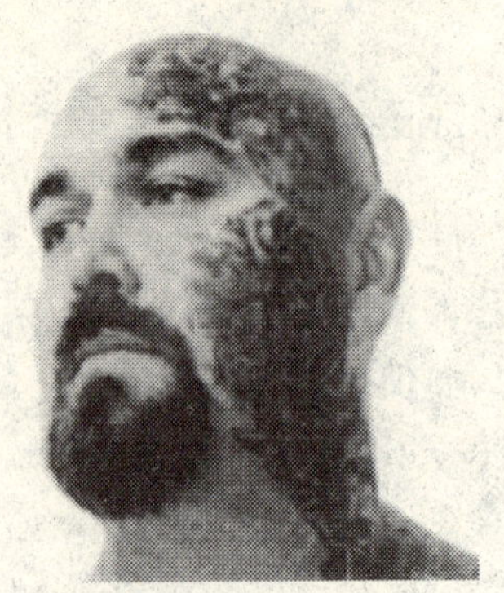

资料：新华网

贯森左脸刺满古怪的图案。

虫一般爬上脸部，蠢蠢欲动，令人触目惊心。

贾森为了养家糊口，竟然要拍卖自己的右脸作为“人体广告看板”，以便竞标成功的商家在他的右脸上刺上永久性的广告图案。但他对商家的广告有选择权，拒绝任何侮辱性的内容或色情广告。此外，他拍卖右脸获得的收入，捐出10%给慈善机构。

贾森“卖脸”广告，引发许多澳洲商家的关注，一家墨西哥餐馆开始和贾森联系，有意买下贾森右脸的广告文身权，以便刺上该餐馆的各种美食广告。

7—29　另类房地产广告看板——颠覆视觉

这幅人头触地的看板广告，第一眼看到认为是上下颠倒，其实是为了令人注意的大胆的表现做法。在广告学里有所谓AIDMA原则，第一个A，就是广告必须引人注意(Attention)。这幅广告可以说乍看之下颠覆视觉达到了“注意”的目的，不愧为上乘杰作。

资料：美联社

中国经济复苏，带动房价上涨。图为北京一群工人坐在房地产广告看板前吃饭。

7—30　另类寻犬广告——唤狗妹妹快回家

台湾一位赖姓女子，为了替母亲找回与母亲相依为命的马尔济斯犬，不惜花了三万五千元台币，在台北行天宫斜对面刊登外墙广告，大标题这样写的："请让妹妹回家！"称爱犬为"妹妹"，对这个洁白如玉的马尔济斯犬，眷爱之深可以想见了。用广告方式找寻遗失的爱犬，并不稀奇，唯花这么多的费用登墙壁广告，可以算是另类了。

资料：取材自《世界日报》记者王宏舜摄影

称爱犬为妹妹的寻犬广告。

7—31　另类吓人示警广告——装满人体脂肪的玻璃杯

资料：《世界日报·大都会综合版》

呼吁青少年勿喝增肥饮料。

纽约市健康与心理卫生局以吓人示警广告，呼吁青少年勿饮增肥饮料。据卫生单位调查显示：纽约市有 21%～29% 的青少年每天喝汽水，喝下需要走 70 个街区才能燃烧掉 360 卡的热量。

因此，推出另类的避高脂示警广告，从饮料瓶倒出的含糖饮料变成一团黄色人体脂肪，夹杂着血管被倒入玻璃杯中，加入冰块摆在桌上。这则广告看起来很恶心，但正面和鼓励的广告无法得到人们的注意，唯有反面以吓人的方式向青少年诉求，才能收到广告效果。

7—32 另类广告表现——重礼压人的银行广告

这是一幅别出心裁的另类广告，银行以最大优惠来向大众诉求。标题这样写道：“今年给你最大的礼物”！

广告文本(body copy)是这样的：从 FCCU 贷款，这一假期依然要优待。

资料：*Houston Lifestyles & Homes*/December 2009

7—33 不容小觑的另类广告——形象广告

有一种广告，既不促销产品，也不推广服务，而是宣扬无形的企业形象，这种广告对企业营运、产品行销有莫大的帮助。这种广告即所谓形象广告(Image Advertising)。

进而言之，一项无任何特点的商品，用广告来强调其与众不同，创造其差别化(differentiation)，赋予商品特定形象的广告，统称为形象广告。

例如美国 Hathaway 衬衫的广告，以戴黑眼罩者作为该衬衫的形象，结果这种衬衫名扬四海，大发利市。

中国企业走出去的速度，超出往日的刻板印象，趁着各大媒体向国际发声的际遇，以行业整体形象向世界传播。这个形象广告，是由中国机电产品进出口商会等四家协会联合推出的，其内容是这样的：广告一开始，只见一名晨练者俯身系鞋带，运动鞋上有“中国制造，结合美国科技”字样，并描述一个和乐家庭正在吃早餐，身边的冰箱上印着“中国制造，融合法国风尚”；两名少女行走街头，身上挂着的MP3上标注着“中国制造，配合硅谷的软件”等字样。这个形象广告强调中国制造，融合世界各国科技，用时尚、流行元素演绎中国新时代的自信与包容。

这个广告出自具有国际背景的国安DDB广告制作公司，短短的30秒，制作费时一年半。由此可见，一个杰出的广告影片，要想炉火纯青，达到完美的境界，必须凝聚制作团队(product team)群体力量，精心企划与制作不可。

7—34　另类危机处理广告——丰田召回风波避谈道歉

受美国消费者团体要求陷入召回风波的丰田汽车公司。继过去软性诉求广告后，不再以道歉为诉求重点，反而大力促销。在2010年3月20日持续至4月5日的广告活动中，所主打的诉求是：即使丰田面对国会调查，以及一些媒体报导召修可能无法解决问题，但丰田的客户依然忠于品牌。即或油门踏板问题甚嚣尘上，但丰田客户对购买新车的安全性仍然深具信心。

在企业走向辉煌的过程中，傲慢成为常态。丰田生产方式创始人——大野耐一的告诫“客户投诉是企业成功的最好契机”。不要抱怨，不要逃避，深入思考，积极应对，才是正途。

然而丰田的危机处理，一反常态，真可称为另类了，不过此次召回风波各界褒贬不一，观感不同，兹将正反意见，剖析如下：

正面——受困品牌，必须依靠忠实客户凸显优点。

负面——(1)漠视消费者投诉，对危机缺乏认知。(2)召回风波怨不得受害者投诉，而是咎由自取。(3)丰田广告不再道歉，罔顾当前所面临的问题。

当丰田召修风波前，作者曾选出三幅丰田汽车广告作为汽车广告重视环保之案例。如今，丰田汽车品质问题喧嚣不已，丰田广告有无参考价值，令作者犹豫挣扎多时，最后一本学术公正立场，舍品质争论重视广告创意，依然纳入本书中，作为读者品评参考。

全球变暖，危及人类生存，如不积极采取措施，一场由人引发的浩劫，即将降临。2009年,联合国召开哥本哈根世界气候大会,各国领袖,群情激昂,纷纷设定减碳目标。这是人类与自然搏斗,只许成功,不容失败。

自然环境遭此骤变,广告诉求势必顺应潮流,符合消费心理,方能扭转乾坤,发挥广告效果。

以汽车广告而言,向来多以品质价格为诉求重点,时至今日,非强调环保或排碳量少不为功。

丰田(TOYOTA)汽车,在美国一份周刊(*The week*)杂志上,刊出三幅不寻常的另类广告,虽然各幅广告表现不同,但多以重视环保、二氧化碳(CO_2)排放量少为诉求主轴。

兹分别简述如下:

(1) 以青年男女站在"挖空"的汽车旁作为广告表现。大标题"我们不是只看汽车表象",寓意:我们的目光超越只注重汽车表象,穿过隐形汽车面向环保的未来。文本(body copy)写道:丰田不惜巨额投资,不但生产零污染汽车,而且致力研发新科技,创立无浪费生产工厂,一切为环保,以此来塑造丰田的企业形象。

资料: *The Week* Nov. 27. 2009

标题大意是"我们不是只看汽车表象"……

(2) 火红的艳阳，皎洁的白云，细看之下，这幅用人的造型，构成另类的广告设计。妙笔巧思，诚不多见。标题大意是“让阳光循环再生”，广告文本强调——丰田汽车第三代节省油电重视环保，由于 Prius 汽车配备太阳能车顶，当车内无人时，可让车内气体流通，减低车内温度，借此收节省能源之效。这说明了丰田汽车其制作过程非但不破坏环保，更进一步确保环境清洁。

资料：*The Week* Dec. 11. 2009

标题大意是“让阳光循环再生”……以“勇往直前走向未来的丰田”(TOYOTA moving forward)作系列广告的口号。

(3) 这幅用人聚集形成的一株大树，表示人与大自然的协调，顶天立地，耸立在青翠的草原上。寓意这是空气清新一尘不染的人间仙境，作为丰田第三代 Prius 的广告表现。大标题“从零加速至每小时 60 英里的废气排放量减少 70%”，广告文本强调丰田 Prius 汽车在增加马力的同时，也致力于减少废气的排放。

资料：*The Week* Nov. 13. 2009

标题大意是“从零加速至每小时 60 英里的废气排放量减少 70%”……以“勇往直前走向未来的丰田”作系列广告的口号。

第八章　户外广告精粹

8—1　户外媒体咸鱼翻身

"没有广告的生意"等于"没有门窗的房子"，所以广告对经营事业之重要不言而喻。

创新的展示手法，抢眼的视觉图像，一般广告客户认为户外广告比在网站或电视上做广告，更能吸引消费者的目光。

全球广告界吹起复古风，大型广告招牌、公车车厢广告和公共座椅上的广告大行其道，反映花样翻新的户外广告媒体已成新的行销利器。

因为户外广告较其他广告媒体成本低廉，但效果不容小觑。若妥善运用，必能有效提升广告效果，并长期保持消费者的品牌意识。

如今，户外广告是硕果仅存历史悠久真正的大众媒体。因为不是人人都看电视、看报纸或上网浏览，但每个人走出家门，都会接触到户外，尤其当其他广告媒体面临经营困难时，廉价和简单的户外广告，犹如咸鱼翻身大行其道。

8—2　另类户外广告——走向全球

户外广告是最具地域性的行销媒介，但现在这种媒介却走向全球化的道路。由于消费者的生活形态逐渐全球化，户外广告业者也不得不跟上全球化的脚步。一般而言，制作好的户外广告是无法移动的，但现在的消费者不再固定在一个地方，因此户外广告业者，不再局限于一个区域，纷纷积极开拓国际市场，跃上国际舞台。

英国权威户外广告业者维亚康姆户外传媒广告有限公司(Viacom Outdoor)告诫全球户外广告业者，科技发展日新月异，户外广告形态也应与时俱进，媒体间彼此的界限日趋模糊，相互竞争逐渐白热化，广告主的媒体选择，不再局限四大媒体，户外广告在全球开发中的国家，成长幅度如日中天。

8—3 招牌形状颜色决定法

招牌是用来招揽顾客的标志。其形状颜色当然会影响财路，通常以鲜明、醒目、易读、易辨认为原则，一个完美的招牌必须令顾客觉得亲切、不论外形和配色必须令顾客称心如意，未进店门已饱眼福，感到满足。

至于如何选择招牌形状和颜色，似有定律可循，招牌形状要配合店面形式，要与整个卖场店铺有整体感，一般行业以四平八稳长方形较多，但特殊行业，例如娱乐业不妨设计一种突兀异类的形状，以迎合现代人的好奇心，达到招徕顾客之效。至于颜色的选择，除依照各行业性质和固有习俗外，也可根据商店老板个人喜欢的幸运色来判断。

8—4 另类户外广告——灯柱铭牌表爱情

纽约曼哈坦西 69 街，一根灯柱上嵌了一块铭牌。上面的题词是："纪念阿琳·卡恩女士——她曾热爱这条街"(IN HONOR OF ARLENE KAHN WHO LOVED THIS BLOCK)，阿琳·卡恩何许人也？令街坊居民大惑不解。岂不知这个铭牌与一个爱情故事有关。

资料：取材自《纽约时报》

曼哈坦西 69 街嵌在灯柱上的一块铭牌。小图为阿琳·卡恩生前照片。

且说阿琳的丈夫罗纳德(Ronald S. Kahn)在这里生活许多年，曾任街坊协会主席，是一位房地产律师，和阿琳恋爱 13 年后，于 1973 年共结连理。

阿琳是一位多才多艺的教育家，获纽约大学博士学位。2005 年 8 月逝世，享年 64 岁，阿琳去世后，罗纳德备感伤心，要找一种方法来纪念她，于是就用铭牌和她对话，来纪念她。

8—5　另类户外招牌广告——丈夫不轨妻子泄愤

美国高速公路两旁招牌林立，一个接着一个，争奇斗艳，令人目不暇接。由于招牌广告花费少，效果大，对广告投资者极具吸引力与诱惑力。

近年来，繁忙的美国公路沿线，不但招牌数量增多，广告花样也愈益求精求新。而招牌规格也愈来愈大，使驰骋于高速公路的驾驶人在高速闪过的情形下，依然可以清晰地欣赏广告内容。

至于招牌内容，有的是商品广告，有的是公益广告，有的是政府公告，形形色色，无所不包。私人广告最常见的有征婚、订婚、结婚启事，这类广告可以说司空见惯，毫不稀奇。但夫妻不睦，深闺怨妇，用招牌广告纾解愤恨，这种广告实不多见，可以算得上另类了。招牌内容是这么写的：

> 史蒂文
> 你现在终于注意我吧！
> 我知道她的一切，你这肮脏卑鄙的家伙，
> 荒淫、不忠、天生愚钝，令人恶心的脏东西。
> 你所做的一切，都录在影带里。
>
> 马上将成为你前妻的
> 埃米莉
>
> 附记：本广告招牌费，由我俩共同的银行账户支付。

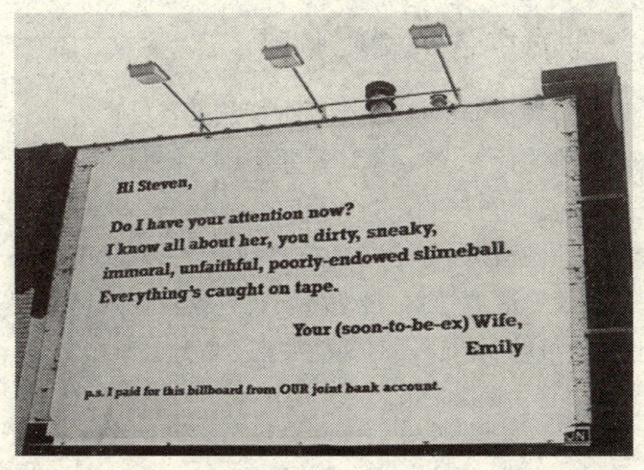

资料：《世界日报》

丈夫不轨妻子泄愤招牌。

8—6　另类空中广告——太空招牌及广告动力伞

美国“必胜客(Pizza Hut)比萨”屋广告，藉俄罗斯“质子K号火箭”升空时，在火箭两旁画上这家美国速食店的招牌广告。

质子K号计划将一具太空舱送上国际太空站并永久停靠在这个太空站，提供太空人生活和工作的空间。太空舱造价3.2亿美元，必胜客赞助100万美元，获得做广告的机会。

必胜客在俄罗斯知名度颇高，早在俄罗斯市场经济刚兴起时，必胜客就在莫斯科高尔基街开店。

所谓广告动力伞，是一种伞状的飘浮物，装有马达，在距地面约50米的低空上下盘旋。马达的轰鸣声震耳欲聋。别出心裁的动力伞，把广告做上了天。

8—7　另类水中广告——水面广告构想

原定在中国乐山大佛正面，岷江水面设置3至4万平方米的水面广告，虽遭破坏世界遗产罪名而搁置未能进行，但创意极佳。它是由特殊材料制作成巨幅广告载体，四面用若干网绳固定，漂浮于江面上。这种另类广告如果设置成功，却是我国第一幅大型水面广告，申请吉尼斯世界纪录，实当之无愧。

8—8　另类广告秘诀——看广告免费喝咖啡

日本近来在超市、游乐场、办公大楼或学校，凡是适合播放选择性广告的公共场所，设置新型自动贩卖机，口渴的行人或顾客，只要愿意看三十秒的广告，就可免费喝到咖啡或其他非酒精饮料。

这种促使路人或顾客看广告的做法是一项创举。它是把自动贩卖机变成媒体而由广告商提供免费的饮料。根据这项计划，自动贩卖机将饮料注入印有广告的纸杯，约需30秒钟时间，贩卖机就利用这段时间播映广告影片。

资料:《世界日报》

可口可乐设于东京街头的"看广告喝咖啡"的自动贩卖机。

8—9　另类户外广告——大厦外墙路轨广告牌

广告业竞争激烈,要在市场上找寻立锥之地,便要发挥创意,推陈出新吸引客户。

近年广告客户花在户外广告的投资不断增加,例如交通工具、地铁站等。为了引起路人的注意力,开发出另类的大厦外墙广告。以香港联合广场大厦外墙广告为例,它加建路轨,高 2.7 米,宽 2.5 米,重达 200 磅,巨型广告可在路轨上下或环回移动。整个广告牌高达 10 至 14 层楼。这种崭新的另类户外广告方式,已取得国际专利。

资料:《世界日报》

香港联合广场的动感外墙广告牌。做法创新,堪称户外广告新媒体,列入另类户外广告之林。

8—10 另类户外创意广告——巧用街景

广告是发挥创意最佳的园地，英国《每日邮报》搜罗世界各地饶富趣味的广告创意，广告设计者巧妙运用街上景物，将它作为媒体，成为商家传播广告的工具，这种创意十分成功，给人留下深刻印象。

天降利刃——由天而降的一把利刃，将灯柱一分为二，其锋利的情形，不言而喻。广告商直接将产品模型放在灯柱之上，无须明言，一看即知厂商是表达其产品的锋利程度。

人事顾问——提款机真的有人在里面工作吗？德国柏林有一家人事顾问公司，在提款机和饮品自动贩卖机上所贴的广告，造成机器内有人工作的错觉，上面还有提醒语句“人生苦短，不宜入错行”，劝告有意抢劫提款机的人，读后发人深省，饶富趣味。

咖啡盖——咖啡广告最常用的招数，莫过于摆出香喷喷、热腾腾的咖啡照片，美国纽约一家广告商也是这样做的，不过他们所放的热咖啡十分逼真，真像一杯热咖啡。凡是路过的行人，看到这杯热咖啡，再困的人也会精神大振。

梳直电缆——泰国曼谷街头，抬头就能看到错综复杂的架空电缆，广告商把它联想成打结的头发，用来作为护发产品的广告最好不过。

涂斑马线——放在斑马线旁的巨型涂改液，令人不由得联想到斑马线的白色线，也许就是用它来画的。其实这是一家快递公司的广告。用巨型涂改液来画斑马线，既快速也快干，显示快递快速之意。这种解释，牵强附会，有待进一步探讨。

资料：取材自《每日邮报》创意广告巧用街景。

8—11 另类户外广告——流动广告看板

广告媒体无所不在，用人夹广告看板，大街小巷穿梭其中，形成流动的广告。比真人更廉价的流动广告，多用牲畜充当，下边是用牲畜作广告媒体的实例。

资料：*Sign Business*

这头老牛，难免涂漆的宿命，牛背上漆字 HOLY COW(我的天啊!)，系美国俚语，漆在牛背上更为贴切。为庆祝活动助兴。

资料：《世界日报》

英国广告界力求创新，网罗大型狗，穿上印有广告字句的"狗衣"，作为产品的流动广告看板。

8—12　另类户外广告——高楼挂车

福特汽车为求广告发挥效果，不惜大量斥资，把一辆拆掉内装的新款休旅车，高高悬挂在十三层高楼外墙；同时以灯光效果展现车胎痕迹滑过大楼的景象，使路过行人啧啧称奇。有人认为这种广告很有创意，有人担心发生危险，其实这种手法在美国行之有年，但在中国台湾却少见。

资料：《世界日报》

在台北市，福特汽车商以汽车实体高挂在大楼外墙，路过行人无不驻足观望，这种汽车实体高悬的广告，虽然注目效果显著，也应兼顾公共危险，保障行人安全。虽有争议，但广告效果却发挥至极，这种广告盛行于美国各州。

8—13 另类户外广告——以商品实物做幌子

全球经济不景气，英国一家家具店，在店外高处，摆上安乐椅，贴上夏季五折折扣标签，吸引路人目光。

英国各行各业多在夏季进行折扣战，伦敦一家名为“天蝎座”的鞋店，以酷炫的天蝎夹鞋广告促销，吸引好奇的顾客上门。

8—14　另类户外广告方式——热气球与充气模型

充气塑型广告之盛行系近年来的事，究其原因不外充气工具之进步，气囊材质之提升，设计素质与制作技术之提高以及广告效果获得肯定等。

充气塑型广告具有下列特性：

(1)各种造型之可塑性；(2)色彩搭配之选择性；(3)大小自如之伸缩性；(4)折叠搬运之轻便性。

资料：取材自欧新社

瑞士阿尔卑斯山区举办的国际热气球周。在气球上加进广告图文，是最佳广告媒体。

资料：热气球节主办单位提供

2009年第27届快速通关热气球节庆，在瑞亭顿市(Readington)举行，为新泽西州热门景观，各类气球争奇斗艳，美不胜收，其中以首次升空的熊猫造型，格外引人瞩目。

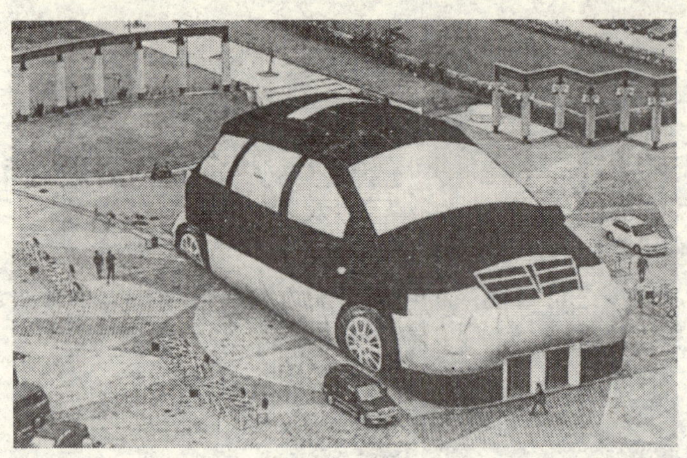

资料:中华汽车提供

停放在台北信义区广场的充气模型车,有四层楼高。

8—15 另类户外广告——充气动物栩栩如生

户外广告迈入立体时代,宾夕法尼亚大饭店(Hotel Pennsylvania)为接待“狗展”贵宾,特在旅馆大门口挂出充气巨狗,以表示欢迎。

北京市闹市区一家咖啡店,在一条长凳上,装潢一只充气大青蛙,招徕顾客。一位妇女正悠闲地坐在它旁边,翻阅画报。

资料:美联社

巨犬迎宾。

资料:法新社

青蛙招客。

8—16 另类油漆广告——整桶油漆倾盆而下

这是一幅极富创意的油漆广告，用仰角镜头拍摄的两座高楼，在视觉上令人产生错觉，以为骇人的大地震降临人间，其实这不过是为了达到广告的初步效果，令人注目(attention)而已。

楼房左方是广告商品——Coop's Paints 油漆的全貌。当中的画面是一桶黄色油漆凌空而下，排山倒海，气势磅礴，覆盖整个地面停车场，制造“倒泻”油漆的假象。

其实，楼房黄色部分，是用乙烯基(Vinyl)覆盖，下自墙面及地面是用 Coop's Paints 粉刷的，整体看来，犹如黄色油漆倾盆而下，呈立体状以壮大广告声势，争取大众目光，发挥最大广告效果。

Photo courtesy of Commerce Color.

资料：*Sign Builder Illustrated*，October 2007。

8—17 另类户外广告媒体——街头字谜

四行英文字母，四行数字，五十六个彩色方格，构成一个谜团，这是美国休斯敦市中心，利用街角停车场墙面，由艺术家创作的一件户外艺术品。仔细解读，原来其内容是“休斯敦是世界艺术之都”，作为美国最大州——德州的第一大埠——休斯敦为世界艺术之都，来炫耀其重视艺术。休斯敦人的自大是有名的，连户外艺术表现亦然。

资料:《世界日报副刊》

美国休斯敦户外艺术品。

休斯敦的街头字谜活动，可以联想到猜字游戏，依此字谜猜测的做法，延伸到另类的户外媒体。例如有奖征答、促销产品，或为了提高产品知名度，利用这种媒体和做法，均能发挥广告效果。还有一种填字游戏，在28个方格内，预先列出部分字句，令参与者填入适当文字，填成后，不论横竖读，每行寓意深奥，音韵顺口，且会出现人名等关键字句。

唯有东都樊著作
欲眠云水志犹难
他时代天育万物
诗家笔势君不嫌

资料:刘会选先生填字游戏作品

本填字游戏，仅由左向右横读，并出现本书作者樊志育君字样。

8—18　另类广告企划途径——数独动脑填字

《世界日报》Sudoku 数独动脑填字游戏。本期问题及前期解答。利用此种填字游戏原理，可延伸有奖猜谜广告活动方面，因为需要动脑深思，对广告诉求，印象深刻，值得广告企划者参考。

說明：將數字1-9填入每個小格裏，使每一行，每一列，每一個方框裏都沒有重複的數字。

▼前期解答

2	1	7	4	3	6	5	9	8
6	9	4	7	8	5	1	2	3
8	3	5	1	9	2	6	4	7
3	4	8	6	5	7	9	1	2
7	6	2	9	1	4	3	8	5
1	5	9	8	2	3	4	7	6
4	2	6	3	7	1	8	5	9
5	8	3	2	4	9	7	6	1
9	7	1	5	6	8	2	3	4

www.counttonine.com

				6				9
6			5				8	
2	3	7	4			1		5
1	2			7		6		
4		6	3		2	8		
7	8		6					3
		1			6			
		2			4		1	6
8				9	5	3		7

www.counttonine.com

资料：《世界日报》

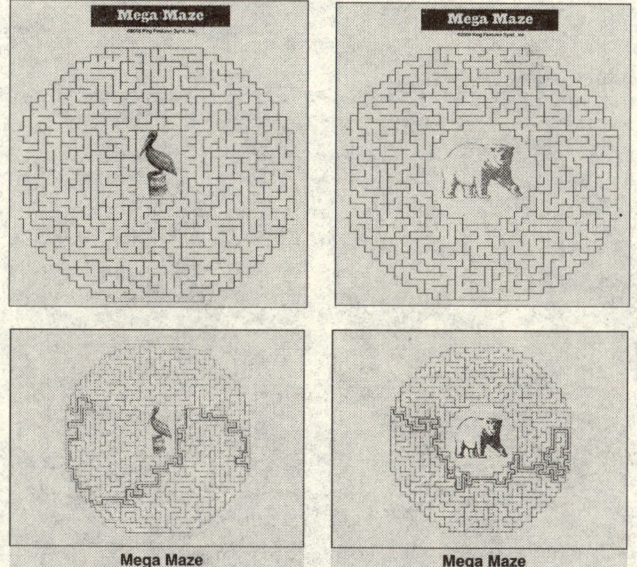

资料：Your Community Marketplace-Somerset　May 7, 2009

动脑游戏 Mega Maze“问题”与“解答”实例。

8—19 另类通缉要犯法——告示牌的妙用

一般而言，广告告示牌，主要用于产品销售，房屋出租等商业用途。岂不知广告告示牌尚有另类用途，而且效果显著。那就是通缉逃犯，使逃犯重回牢笼。

美国密苏里州堪萨斯地区，在通缉告示牌通缉10个人犯中，有8人落网，其中7人完全因为当地告示牌的作用。

福克斯(Fox)电视台“美国通缉要犯”节目主持人沃尔什(John Walsh)是强烈支持以告示牌通缉要犯的名流，他说：“告示牌每天都有人在看，电视节目却不一定有人整天在看。”所以说广告告示牌的广告效果非常显著。

近年来由于告示牌数码化，其告示传播效果尤为显著。美国联邦调查局(FBI)在纽约时报广场，安装新数码告示牌，公布逃犯和失踪者资料，希望大众协助破案。这种利用告示牌协助追捕通缉犯的做法，诚属少见，可以谓为另类的广告看板。

如下图所示，这个40英尺高的告示牌，是FBI与广告巨头Clear Channel联合安装的，告示牌用电脑程序运作，能即时转换画面，如有紧急消息，可即时公布，掌握时机，加速破案。

资料:《世界日报》

竖立在时报广场的新数码广告牌。

FBI在全美40个州目前已有1 500多个这种告示牌，自2007年展开这项计划后，已有30名罪犯被捕。

8—20　另类婚纱影楼广告——新郎新娘花车游行

安徽巢湖市街头，一头扎着大红花的马，拉着一对“新人”，满街溜达，引来市民侧目，细看之下，才知道这是一家婚纱影楼在打广告。

资料：中新社

8—21　另类火锅店广告——一头活驴牵到街边

驴肉广告战，南宁火辣辣。广西省南宁市一家驴肉食府火锅店，以“天上龙肉，地上驴肉”作号召，并将一头驴牵到街边，披上“广告衫”，吸引食客目光。

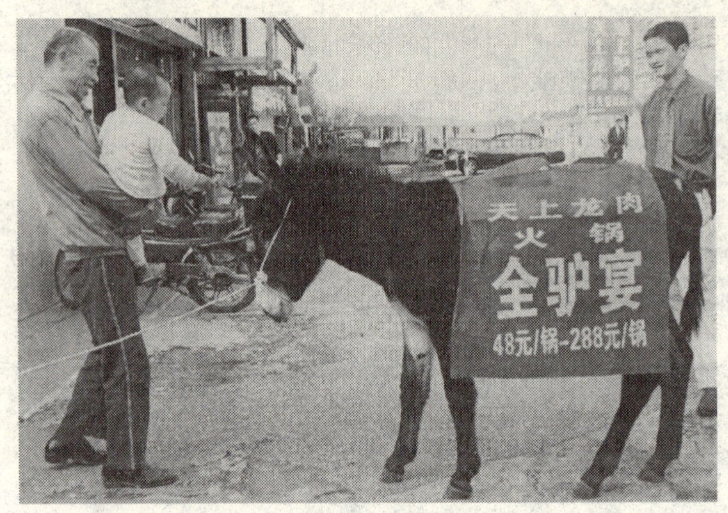

资料：中新社

8—22 另类户外广告——凸显国人团结精神

Adidas 广告以素描的众人托起中国女篮运动员隋菲菲，在高空投篮，气势高昂。寓意民族团结和运动精神。这个由上海李岱艾广告公司（TBWA）创作的户外广告，获戛纳广告节“金狮奖”。

资料：网络图片

8—23　另类户外广告——岩壁广告

美国两大汽水厂可口可乐和百事可乐，在喜马拉雅山麓的岩壁上绘上广告图样。在连绵 50 公里的登山公路上，每隔一公里便可看到四至五个绘有这两大汽水的标志。

资料:《世界日报副刊》

绘在喜马拉雅山公路旁岩壁的美国两大汽水岩壁广告。

8—24 另类求职广告——真人走动活招牌

2009年,美国申请失业救济人数节节上升,图为一名失业者胸前挂着广告牌,上边写着“请雇我”字样,浪荡街头。在急欲找工作的同时,仍不失怜悯之心,不忘向路旁乞讨者施舍。

资料:美联社

8—25 另类求职广告——以大型广告牌作传播

康州居民帕莎·斯托金(Pasha Stocking)租下康州桥港市95号州际公路的大型广告牌,摆上自己的求职广告。

资料：美联社

8—26　另类走违法边缘的广告——制作假证件广告公然出现街头

"离婚证、出生公证、成绩单、房产证，根据要求制作大陆一切证件"。这样一个能制造假证明文件的广告牌，竟然公开摆在纽约皇后区法拉盛缅街的邮局门口。这种明知违法而不讳，甘愿自投法网，真可算是另类了。

这种作为不但制造假证件者要负法律惩罚责任，利用假证件者后果亦非常严重。利用伪造政府文件可能面临触犯刑事罪而遭起诉，至于售卖假证件者，一旦被判罪，将会面临五到十年的刑期。

资料:《世界日报》记者摄影

制作假证件的广告牌,公然出现在纽约法拉盛缅街邮局门口。

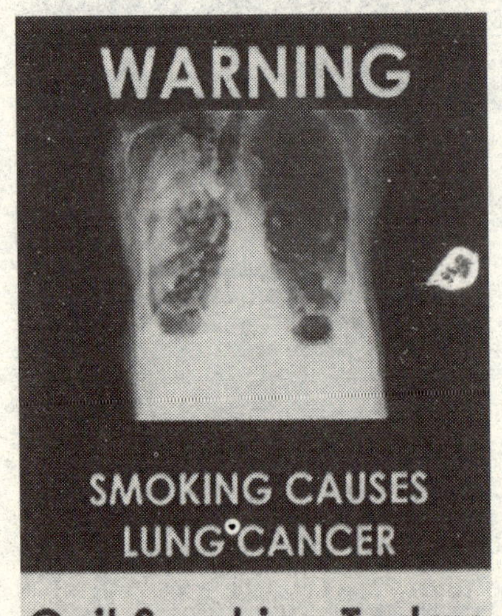

8—27 另类香烟店广告——高悬反烟广告看板

老王卖瓜自卖自夸,这是国人传统的经商之道,如果自卖但不自夸,这真可谓另类了。

纽约市卖香烟的商店,遵循市卫生局的规定必须悬挂反烟广告看板,看板长宽各三英尺,看板上显示熏黑的肺和其他因吸烟引起的病变,例如口腔癌和喉癌等图片,作为警告吸烟者之用。

资料:《每日新闻报》网站

纽约市卫生局规定香烟店必须悬挂的反烟广告看板。

8—28　另类户外广告——将电视搬到户外

中国小型广告公司，达数万家之多，无不力求创新，争取新的广告市场。把本来是室内媒体的电视，搬到室外成为室外的媒体。这种做法，可谓创新之举。图为顾客们正路过北京一家商场外的巨幅户外广告媒体——室外电视。

资料：法新社

室外电视。

8—29　另类理发店招牌——颠覆传统创新潮

曼哈顿最古老的街道宰也街(Doyers St.)五家理发店的招牌，披上有如画布般的塑料招牌，让这些“老式”理发店突然“新潮”起来。原来这项颠覆传统的创意点子，来自于 TRYST 艺术团体以及华策会属下的五年级学生，名为“标志语言”(Sign Language)的“街头艺术”。

TRYST 是由一群艺术家们组成，他们探索城市里的招牌，一致认为中文字也能让艺术家发挥创意，因此挑选了华埠老街之一的宰也街作为此次活动试点。

这个突破传统的新招牌，在保持传统文化特色的前提下，为陈旧的招牌披上艺术色彩。

所谓“标志语言”上不仅有店家本身的名字，还添加华埠地区特色景点的照片，让招牌变得很有艺术味。

资料：取材自《世界日报》记者朱文汉纽约报导，简一夫摄影。

理发店业者对新招牌称心如意。

8—30　另类滑雪度假旅馆广告——凌空假人飞跃而下

美国南加州一家高级滑雪度假旅馆，在450号州际高速公路旁，利用看板创造出一则令人惊叹的图像广告。

看板以大型印刷机印制成半圆筒状，再以印制的假人撑在半空，开车远看，恰似真人滑雪景象，引人注目，充分表达出滑雪情景。欢迎来往旅客，投宿本旅馆，共享滑雪乐趣。

资料：*Signs of The Times*

8—31　另类广告看板——只只美腿凭空倒立

资料：*Sign Builder* 2008　8月号

这是大型印刷机广告制作的第一步，这些竖立的美腿，经摄影后，刊载于专业杂志上。

美腿凭空倒立，色彩缤纷艳丽，乍看之下，以为是鞋子广告，其实这不过是引人注目的花招而已。这幅在闹市街头竖立的看板，是道道地地的超大型印刷机的广告。宣扬其超高的印刷速度，艳丽的印刷色彩和一致的印刷品质等特点。

印刷机不是一般消费品，在公共场所大肆广告，无异缘木求鱼，徒耗广告费。但这个看板广告，纯为在专业杂志刊登，所做的第一步（将广告看板拍成照片，然后刊登在专业杂志上）。美国对广告制作之细腻，广告投资之大，令人叹为观止。

8—32 另类广告看板——了无只字片语任君想像

古巴艺术家托里斯(Felix Gonzalez-Torres)1991年设计的广告牌,上边印着起皱床单和空白的双人床,并有两个似乎用过的枕头。对路人而言,这个了无只字片语的广告牌,只能凭个人观感来想像。双人床通常由情侣分享,因此广告具有爱情和缺场的各种可能含意。知道托里斯的人会猜测那是他和情人露斯睡的床,露斯当时死于艾滋病。另一些人看了则丈二和尚摸不着头,作品的意义只好取决于每个人在其中发现到的资讯。

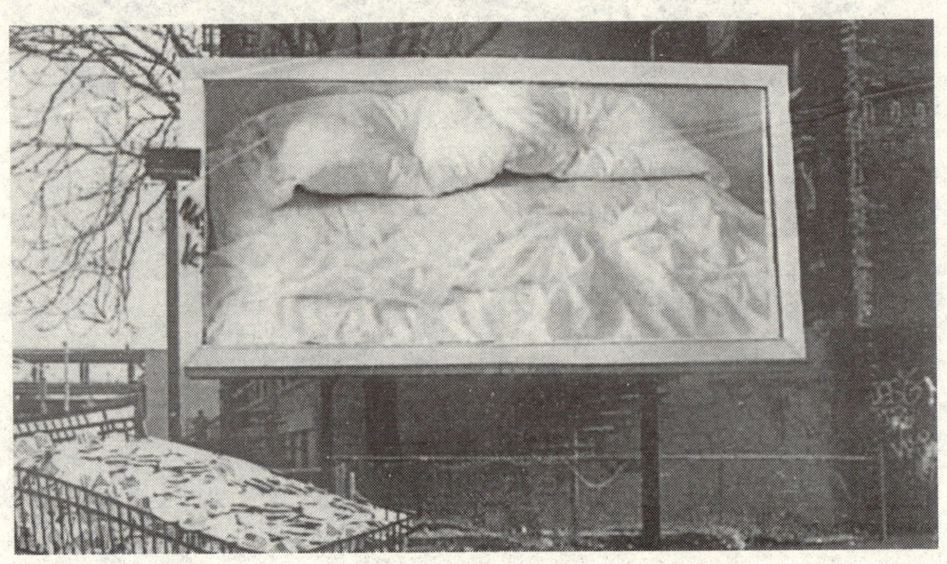

资料:《世界周刊》2009.3.16

8—33 另类户外广告——新看板捞过界

号称"世界十字路口"的时报广场,四周大屏幕上全年无休地播放着各种悦耳的音响和绚丽的耀眼广告。而不定时更换的巨幅广告看板,也总是吸引来自世界各地旅客的目光。位于46街与百老汇大道交口的闹区出现一个有趣的广告,它是由两个看板组成。华裔设计师谭燕玉(Vivienne Tam)斗大的英文名字就在其上,拿着谭燕玉为惠普公司(HP)设计的牡丹红笔记型电脑的模特儿,以优雅甜美的姿态，亭亭玉立，而另一名模特儿则伸长手臂捞过界，触碰另一看板上的台式电脑，促销惠普两款产品，一个向都会时尚女性招手，另一个则是以荧屏能触碰的噱头来吸引路人目光。

资料：图与文取材自简一夫先生

8—34　另类广告看板——干瘦女郎赤裸现身

意大利米兰时尚周登场，当天意大利主要报纸与各地广告看板同步出现一幅广告，照片中一名憔悴干瘦的女性全身赤裸瞪视镜头，标题只有一句话“不要厌食症”(No Anorexia)，震撼力十足的影像让厌食症问题再受关注。希望通过这组裸照广告，让世人看到真实的厌食症病患，并承认厌食症大多是因为时尚界的影响力造成的。

照片中的法国女郎卡罗(Isabelle Caro)，22岁，身高165厘米，体重仅31公斤。她因童年不快乐，13岁就罹患厌食症。她接受《浮华世界》杂志专访时表示，自己长久以来自我隐藏，“现在我想无惧地展现自己，即使我的身体令人不悦”。

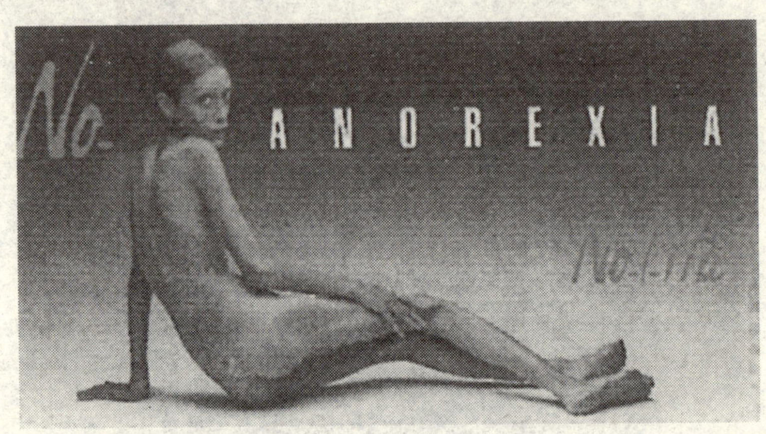

资料：《世界日报》取材自路透社

意大利媒体同步刊登这幅反厌食症广告，照片中女子长期罹患厌食症，真实影像震撼人心。

8—35 另类户外广告——使纽约客看得一头雾水

纽约曼哈顿下东城一栋公寓外出现一些令人莫名其妙的广告招牌：如“直上六楼，由你支配”(6th FLOOR WALK-UP, YOU RULE)，“一楼酒铺，也由你支配”(1st FLOOR LIQUOR STORE, YOU RULE TOO)，看板上还有箭头指着公寓不同的楼层。

凡是走过的路人都说：“我不明白这个广告在说什么，简直是一头雾水。”这种崭新的标新立异的广告策略，以“不可当真”(tongue—in—cheek)的形式，把地域性和亚文化表现出来，以招徕顾客。

这种令人难懂的广告，主要是运用特别的概念，要在广告充斥的纽约市以标新立异来吸引民众的目光，也把你争我夺的广告战提升至一个新阶段。

这种广告词的看板是在纽约市和新泽西州北部设置的350个广告之一，这些触目所及的广告，同时以文字解释为何可以“支配”。

这是一家酒店(liquor store)的广告，意为你如果能爬上六楼就由你支配，你若下到一楼酒店，也由你支配。

资料：美联社

纽约曼哈顿下东城一栋公寓外的两幅广告看板，看得纽约客一头雾水。

8—36　另类广告招牌——耐克制鞋公司与流动顾客互动

耐克公司与其用户大众，共同参与广告招牌互动活动。这项互动技术和创意，由 R/GA 获得专利。互动活动是这样的：让人们通过他的电话机或手机(Phone)设计鞋子，然后把所设计的鞋样，播映在纽约时代广场路透(Reuters)招牌上。

不论老顾客或想买鞋子的路人，用他的手机和广告牌上 23 个故事作互动。耐克电脑部门，让购买鞋子的顾客，根据他们自己脚的尺寸和所喜欢的颜色去设计，连接耐克网站就可买到经您设计的鞋子。

此外，纽约客和观光客用他的手机，也可在路透招牌上玩光碟游戏。耐克公司此项与顾客在广告招牌上的互动，不但是首创也是制鞋业者主要行销策略之一。

8—37 另类户外广告——真人招牌

香水 CK One 真人广告招牌，在纽约时报广场推出新一代香水 you're the one，同时展开全球广告活动。

资料：美联社

CK One 模特儿在广告招牌内跳舞。

8—38 另类户外广告——真人高空睡觉

日本一家饭店于东京银座某大楼墙外垂直悬挂一组床具，并请来特技演员在床上睡了 20 分钟，向有意投宿者诉求该饭店安全舒适。这个惊险场面，令路过民众大开眼界。

资料：法新社

8—39　另类招牌广告——数码看板

美国规模最大的连锁药店华格林（Walgreen's）在时报广场一号大楼开了一家大型分店。在开幕仪式举行的同时，接通了时报广场最新式的大型电子看板。

这个超级电子看板，是由 1 200 万个发光二极管组成，发出的光覆盖东西和南面的大楼，它挂在时报大楼 17 层高的外墙，距地面 341 英尺，它是最复杂、功能最强和先进的数码看板，解像度无与伦比。

资料：《世界日报》

纽约时报广场，"华格林"分店的电子看板，抢尽风头。

8—40　另类广告招牌——广告文字由蔬菜堆成

美国历史悠久的快餐连锁店——麦当劳，其分支机构遍布全球。可以说只要有人的地方，就有麦当劳。快餐的勃兴与流行，在于“即点即食”、无需等待，便利外带等特点，这是忙碌的现代人乐于光顾的主因。

这幅麦当劳户外招牌广告，强调其主要产品沙拉(SALADS)新鲜，整个文字用新鲜蔬菜排列而成，真可谓栩栩如生，令人垂涎。

麦当劳不但注重产品新鲜，还有“环保”概念。在美国有所谓绿色的麦当劳餐厅，其屋顶全是绿色植物。广告牌用绿色蔬菜排列的构想，可能与遍植绿色植物的绿色餐厅有关。

资料：THEBIGPICTURE|november 2008

8—41 户外广告新趋势——广告面积越来越大

资料：新华社

香港铜锣湾时代广场，一幅巨型广告牌极为醒目，不知赢取多少俊男美女的目光。

资料：新华社

2004 年北京宣武门附近竖立的大型招牌，随着北京的都市建设发展，街道马路不断拓宽，路边的广告牌也越来越大，图示一位骑自行车的路人，面对广告牌驻足细观。

8—42　最大广告标语牌创吉尼斯世界纪录

这是一块长 82 米，宽 49 米，面积约 4 000 平方米的巨大广告标语牌，张挂在柏林"公园饭店"外墙。上面写着"没有不可能的事"的英文字样。这块标语牌已申请列入吉尼斯世界纪录。

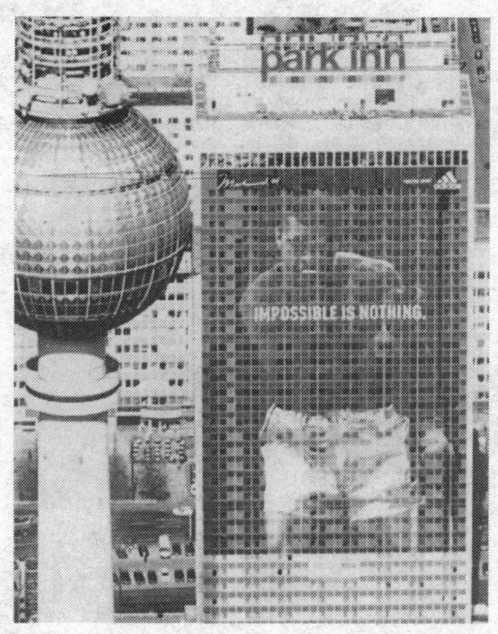

资料：欧新社

8—43　另类大型户外广告——纳入吉尼斯世界纪录

《金融时报》(*Financial Times*)亚洲版创刊时，将其头版印刷在 740 英尺高，209 401 平方英尺的巨大布帘上，用此巨大布帘把香港最高 88 层大楼中的 50 层包扎起来，由于篇幅超大，因此被列入“吉尼斯世界纪录”，成为世界最大在建筑物上所做的户外广告。

该巨幅布帘由香港一家设计公司设计，Brand Wrap 公司承包施工，使用比利时 SIOEN 的网状材料，以 NUR 大型数字印刷机印刷，工程浩大可以想见。

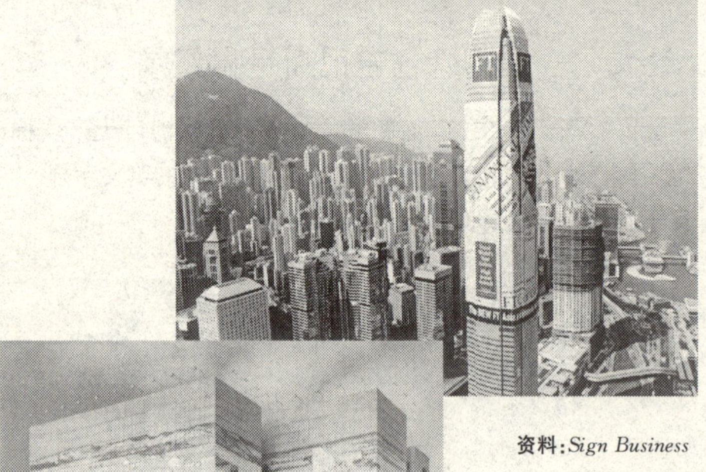

资料：*Sign Business*
世界最大建筑物上所做的巨幅户外广告。

资料：Digital Graphics
台湾的 PMA 公司，以 Scitex Vision 印刷机，将乡村景象印制在乙烯基(Vinyl)上(约 10 764 平方英尺)，然后拼贴在 ABN-AMRO 银行大楼玻璃上，造成巨大视觉效果。
近年来以敷盖高楼或车辆的广告，风靡欧美，极为盛行，此一风潮席卷港台，预料户外广告篇幅将越来越大。

8—44　另类广告看板——数字化时代来临

广告业者一直把纽约时报广场视为广告风水宝地，消费者通过广告经常在此接触，甚至掷上数十万元做看板广告与录影广告。如今，运用新的广告技术或方式，使促销活动价格更低廉，效果更直接，因为消费者通过网络传播讯息，使时报广场广告媒体，迈入崭新的数字化时代。

“数字世界的最大好处是，即使还在三千英里外，人们当天就能知道现场活动内容。”因此“时报广场在某种程度上正成为一个发表资讯的平台，这里呈现的户外大型广告或发生的事件，不再受地域的局限，人们即使不在现场，也能目睹亲历现场般的实况”。

虽然世界各地都有广告公司举办促销活动，但时报广场的独特地位仍然无可取代，世人一眼就能从照片或视频认出时报广场，也更可能观赏在这里制作和传播的图片和视频。广告看板数字化是大势所趋，时报广场的广告数字化，只是广告数字化的先导而已，如今新数字告示牌，遍及美国各州，而且广告诉求内容也多元化。

美国的广告看板，市区已无扩展空间，郊外的公路变成广告看板新空间，而电子数字广告看板更是新利器。数字广告看板除了抢眼，其功能也多样。一件产品上市，就能马上打出来。快餐店可以上午推出早餐三明治，傍晚打出汉堡，传递讯息十分便捷。

路边出现一块亮丽的银幕，而且像电脑般速换影像，路过的人一定会转眼去看几秒，广告效果之大，可以想见。

8—45　谷歌另类广告花招——启用看板广告促销软件

搜索引擎龙头谷歌(Google)擅长卖广告，很少自家打广告，却罕见地租下户外广告看板，锁定上班族促销 Google Apps 套装软件，企图与微软抢各大企业软件用户。

自 2009 年 8 月 Google 连续在纽约、旧金山、芝加哥、波士顿各大城市公路旁，藉户外广告看板宣扬 Google Apps 的优点。

但是即使用古老的传统看板做广告，Google 仍有一套新做法。在白色背景的板子上面,只有几行黑色字体,广告内容则是某位资讯部经理因为受够了既有的产品,最后改用 Google Apps 的故事。未来四周每一个工作日都会更新讯息,为符合环保政策,广告每日撤下后,看板材质中的乙烯基塑料废物利用回收作成购物袋。

Google 企图通过此次广告攻势,抢走微软的 Office 用户,是继双方搜索引擎争夺战后,Google 主动拉高攻击层级。

资料:网络图片

上图系第一天首次出现的看板广告。

8—46 另类广告招牌——知道你要买啥

传统的商店招牌只能引人注目,智慧型招牌具有互动功能,算是招牌中的另类了。科技界两大巨头英特尔(Intel)、微软(Microsoft)有感于网络正一点一滴

资料:《世界日报》2010.1.13

2010 年 1 月,在拉斯维加斯消费电子展参展的智慧性广告招牌。

地逐步夺走百货商店的生存利基，必须采取相应措施，于是合作研发的智慧型招牌，超炫得不仅能记录顾客的性别、年龄、身高，还能记录顾客的购物偏好。

只要顾客站在招牌前，通过摄影机与资料库的判读，招牌就自动提供可能吸引该顾客喜好的商品。顾客只须在招牌的触控屏幕上点选属意的商品，招牌便会传送该项商品的折价券到顾客的智慧手机上，同时招牌的屏幕上也会显示商品在店里的位置，给顾客全新的另类的服务与体验。

8—47　另类看板广告——袒露婚外情斩断孽缘

纽约市曼哈顿百老汇大道，出现一幅另类诉求的看板广告。显示甲骨文公司总裁菲立普与情妇瓦雅妮·威金斯两情相悦的镜头。这是与他公然出双入对多年的情妇，藉着看板广告来报复这个不但是甲骨文公司总裁还是奥巴马总统

资料:《世界日报》1. 23. 2010

甲骨文总裁婚外情女友疯狂报复的看板广告。

的经济顾问菲立普和她斩断情缘的作为。看板上除了柔情画面外，还注明菲立普曾说过的“你是我永远的心灵伴侣”来抒发她的愤恨情绪。同样的看板也出现在亚特兰大以及甲骨文总部所在地的旧金山，这种极度张扬的羞辱报复，广告费可能超过 25 万美元。

利用看板广告征婚者有之，青年男女利用看板表示爱意者有之。但是利用看板广告袒露婚外情来羞辱对方，这种毒辣手段者，实属罕见。将本案例列入另类广告行列至恰且当。

8—48　另类广告看板——耐克运动鞋弹性超强

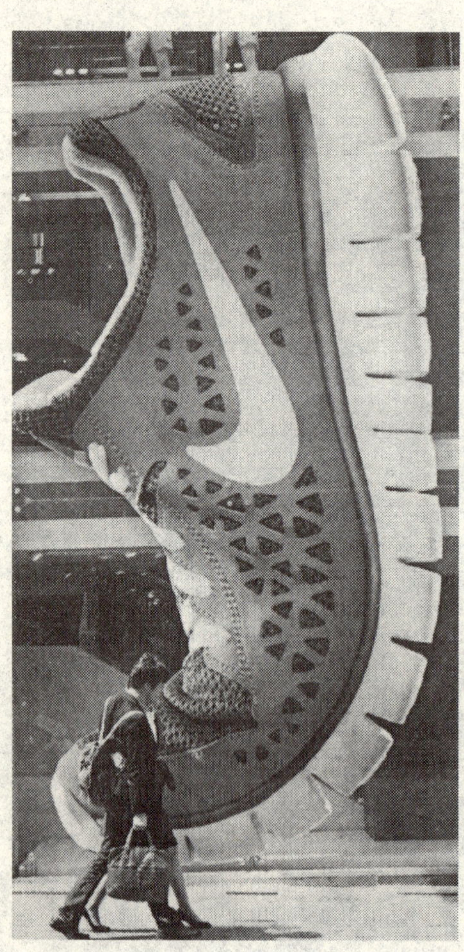

资料：取材自《世界日报·财经版》

户外广告形形色色杂遝街头，但这幅位于韩国首都首尔市的巨大弹性鞋子看板广告，却极为罕见。从一对情侣路过广告牌时之身高比例，可以窥见其高大程度。

在布局上，弯曲直立，突现其柔软性。可曲可伸，可圈可点，对户外广告业者设计广告时，有启发创意作用。

8—49　另类香烟看板——美国偶像代言挨轰

在印尼茂物高速公路旁，出现一个前“美国偶像”(American Idol)节目优胜者、格莱美奖得主凯莉·克拉克森(Kelly Clarkson)的香烟广告看板，因为克拉克森在雅加达举行演唱会，印尼第三大烟草公司 Diarum 赞助，这家公司生产的 L. A. Lights 品牌香烟，在印尼十分畅销。在克拉克森的香烟广告看板上，她的头部上方就有这个品牌的标志，看起来十分醒目，类似这种广告也频频出现在当地的电视上。

这种嚣张的香烟广告，已被美国和其他签署世界卫生组织烟草条约国家禁止传播多年。由于印尼是少数未签署世界卫生组织烟草条约的国家之一，所以未受限制。

近来印尼反烟草势力兴起，一项新法律宣布吸烟有损健康，尤对青少年之健康为害最深，并呼吁政府尽快制定烟草法规等，反烟声浪此起彼伏。

同时美国和印尼反烟人士呼吁克拉克森应拒绝接受 Diarum 的赞助，而印尼广大群众也群起响应，在她的 Facebook 网页上发出反烟的心声。

8—50　另类户外广告——高竖美腿模型

用高达数丈的美腿模型做广告，实在少见。匈牙利首都布达佩斯的伊丽莎白广场就有这种迷人的广告。图片中真人和美腿模型的对比，就可看出这只美腿模型的高度，而美腿造型栩栩如生，从美腿更能产生另外的联想。

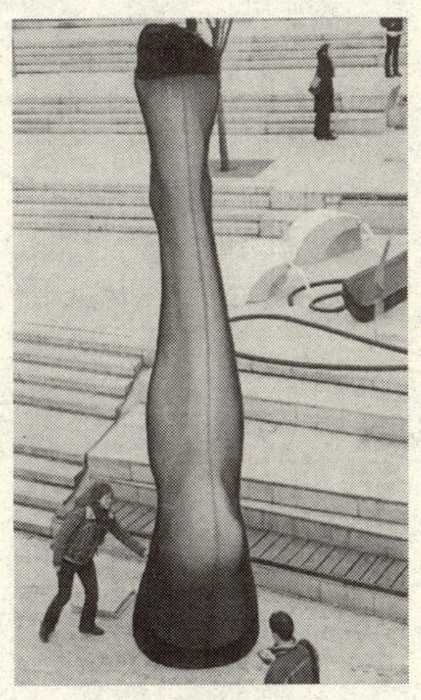

资料:《世界日报》万象版

这是 2010 年春季，匈牙利举行“对女性意义重大的发明展”，把一些影响 20 世纪女性生活的重大发明模型陈列在广场上，例如蒸气熨斗、丝袜都是匈牙利认定的重大发明。

立体造型广告，纯属另类，这种罕见的广告，却能激动人心，令人注目，产生较大的广告效果。

第九章　交通广告大放异彩

9—1　交通广告的宠儿——车辆广告

广告媒体，无所不在，只要用得恰当，就能发挥广告效果。以交通工具汽车而言，车里车外，处处都可用作广告媒体。因为车辆是活动的媒体，一般而言，动的比静的传播效果更大。以广告对象而言，车内广告仅限车内乘客，但车外广告其对象则无限之广。具体言之，车辆广告约可举出以下各种：

1. 车内广告——张贴或悬挂在交通工具内之广告，例如电车、火车、出租车、公共汽车等车内之广告。车内广告多以垂挂式广告为主，其他尚有在车门口处或车窗上部张贴之广告。如在电车内通道上，自天井垂挂下来的广告，此种广告在车辆广告中是注目率最高的。

2. 车外广告——车外广告系指张贴在电车、公车等外部，以行人或车辆为对象，尤其如车尾的小型招牌，引起后继车辆之注目率最高。

3. 车站广告——系指车站内悬挂或张贴之广告，例如车站海报广告，如车站招牌(Station Sign)等，凡站内站外其所辖区域范围内所做的各种广告均属车站广告。

9—2　另类欧洲交通广告——德国货柜车的广告艺术

货柜车是交通广告的宠儿，由于车厢面积大，广告面积自然亦大，驰骋在公路上，极易引来路人目光。

在货柜车上打广告，工商业先进国家处处可见，并不稀奇，但画面逼真如下图者，确属罕见。经一再琢磨，看起来恰似一幅真实的图画，又好像一件艺术品，既富创意，又有趣味，诚属难得之交通广告珍品。

资料:以下7幅德国货车广告取材自德国车体广告公司

这个啤酒的车厢广告,逼真的透视感令人难以置信,它是用印好的胶布敷盖整个车厢。

这个帆布袋的车厢广告,光暗分明,极具立体感。

这个百事可乐的车厢广告，装可乐的箱子，好像悬在空中一般。

在车尾画了另一个车头，栩栩如生的司机，令其他驾驶人大吃一惊。

这个水族箱的车厢广告，像真正的水族箱一样，箱内的鱼，逍遥自在。

这个书店的车厢广告，一本本的洋装书，陈列在书架上，还贴上便利贴，十分逼真。

这个"品客"香辣薯片的车厢广告，香辣的程度，竟能焚毁一间屋子！

9—3　另类交通广告新攻势——车厢内外全着装

现今美国大都市地铁系统中处处都是广告，大都会运输署(MTA)展开一项广告新攻势，把大中央车站到时报广场的接驳地铁车每个车厢从里到外都包上广告，这是 MTA 首次把整辆列车做广告。

这种列车"全身广告"由乙烯基塑料做成，需要加热和使用小滚轮才能贴上车厢。此外还在地铁列车出现与车厢等长、约 2 英尺高的条形广告。

以上只是广告新攻势的一部分，地铁站阶梯也能当作广告空间出售，再有月台的旋转栅门也能登广告，MTA 过去也尝试把地铁扶手柱子卖给商家做广告。

波士顿和伦敦也有地铁隧道视频广告，MTA 接驳车路线也会有这种广告。当列车移动时，乘客从车窗能看到全活动视频广告。那些广告好像 15 秒钟的电视广告，在车中欣赏。像时报广场地铁列车月台这种人多但广告空间少的地区，MTA 正在考虑利用投影科技播放广告。换言之，先进的科技让广告出现在从未出现过的地方。

资料:《纽约时报》网站

纽约大中央车站接驳地铁列车出现全车身广告,这是 MTA 首次把整辆列车做广告的图片。

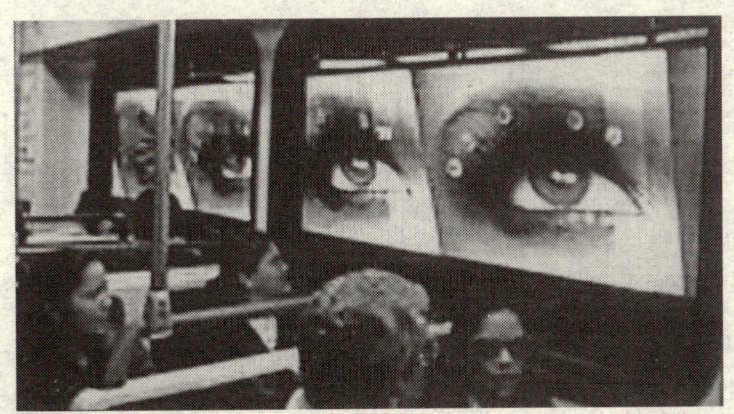

资料:《纽约时报》广告

洛杉矶地铁隧道广告。

9—4　另类交通广告——座车披上广告外衣

让自己的座车披上各种广告外衣,换取多达八百元的每月报酬。虽然他们必须遵守开车法规，而且限制不能到某些商店。这就是1993年兴起的“全车体广告”的肇始。当时百事公司买下西雅图六辆公车的广告权。为这些公车油漆百事商标。原来需要六周时间才能完成，可是百事改用3M公司制造的一种乙烯基(Vinyl)材料，不到两天就完工，现在更快，只要几个钟头。

3M利用类似便利贴纸(Post-it)的黏剂，只要在汽车表面铺上印有广告图案的乙烯基外膜，然后用力固定即可。这种外膜不伤车漆，甚至还有保护车体作用。因此跑车、直升机、飞机、船只甚至在建筑物上打广告，都流行用这种广告材料。

据研究车体广告现象的ARD创投公司估计，一辆车体的广告信息，每天能让七万人次的行人和汽车驾驶人看到。

一辆汽车只要出厂不超过五年，而且有足够表面容纳相当大幅的广告，就有资格当“广告车”。

Free Car公司会免费提供汽车，或是每月付给八百元酬劳，过去八年，它总共雇用了大约八千人。

这些身为品牌大使的车主，必须尽量把汽车停在户外，在车上不准抽烟、乱丢垃圾、说脏话，每月必须参加活动，分发产品样本或折扣券。

为可口可乐产品做广告的车主，在车上不能享用百事公司的产品，也不准把广告车停在百事旗下的肯德基炸鸡或必胜客比萨店的门口。

以广告效果而言，交通广告媒体的特征是其“流动性”。一般而言，动比静的视觉效果大。这是交通广告备受重视的原因所在。这幅机身用乙烯基包裹的画面，乍看之下，机舱明媚，色彩艳丽，使舱内的乘客，身处其中，备感兴奋，因而对广告商品也必有所钟而争相购买。

资料:SBI Vehicle Graphics December 2008

用乙烯基包裹交通工具，是近年来交通广告的趋势。这幅用乙烯基包裹的3M广告，十分醒目。轿车本身等于一种特殊媒体，向交通广告承揽业者或广告主收广告费，是应得的回报。

资料：Sign Builder Illustrated August 2008

资料：新华社

这款彩绘甲壳虫轿车，虽无广告意味，却能吸引众人目光，原来这是在青岛举行的国际啤酒节汽车展上的创新之作，对招徕参观汽车展的功能发挥极大作用。

9—5 另类公车广告——新设大型 LED 广告荧屏

纽约公车为增加车厢广告量，在车身右侧安装显示广告影片的大型发光二极体(LED)广告荧屏。据估计此一新措施，使广告量增加，达到静态广告的五倍。

此新型广告板内建卫星导航系统(GPS)，LED 广告幕上的广告会根据邮递区号和人口统计资料而变化。如果乘公车沿着勒新顿大道(Lexington Avenue)向 65 街前进，公车的车身广告就会显示出布鲁明岱尔(Bloomingdale's)百货公司的广告。初步目标安装 200 个大型车身广告荧屏。唯车身广告荧屏晚上太亮，招致居民抱怨在所难免。发光二极体(LED)近年来频频应用在灯具上，十分耀眼，因为光度强，这种凸显 LED 照明的功能，将成为照明市场的主流。

资料：取材自网络

纽约公车安装大型 LED 广告荧屏，收益比静态广告多达五倍。

9—6　另类交通广告——计程车顶电子看板

纽约计程车顶高科技的广告看板，是由年轻商人柯恩申请专利的，柯恩在纽约成立灵活媒体公司（Adapt Media）。经营电脑化广告看板，其装置是这样的：液晶显示板固定在计程车顶，其配合设备除全球定位系统显示器外，尚有电脑和移动电话。

乍看之下，这种装置与早期的巴士和时代广场的电动新闻看板无何差异，但是纽约市数以万计的黄色计程车满街驰骋，这种车顶广告，其高度恰与行人相当，便于观看。

其尤甚者，靠着高科技设备的协助，它有超越电视广告的能力，广告商能随时随意向纽约市各地区发出想要传达的讯息。例如梅西（Macy's）百货公司想要在内衣开始打折前一小时做广告，而且只针对梅西店面方圆六条街的顾客，它可以付费给柯恩公司要它把广告指令打在电脑上。电脑就会把广告内容传给所有配备电子看板的计程车，这时，车顶的液晶看板就会闪出梅西公司内衣打折的消息。

情人节想把深藏的爱意昭告天下吗？在情人节当天，纽约市有一百辆计程车，能用车顶的电子广告板，闪现你吐露的甜蜜讯息，只要打电话给Adapt Media公司，说出你想发表的情话，经由电脑系统连线后，一整天你的情话便会每小时出现五次，每次数秒钟，如果你只限在特定的街道出现，也能做到。

9—7　另类地铁隧道广告——随动广告

以地铁作广告媒体，并不稀奇，但广告制作方法创新，却不多见。日本户外广告制作业引进美国新技术，以“视觉暂留”原理，制作“广告片”，在地铁播出。此种地铁广告，须在隧道墙上连续装设150个相邻的显示屏。

依照视觉暂留原理所制作的广告，被称为“随动广告”。北京、香港地铁隧道均有这种广告，制作技术虽有不同，其原理则完全相同。例如北京地铁隧道，在原本黑漆漆的隧道墙上，出现一道长长的屏幕，画面里的卡通小企鹅又蹦又跳，旁边还有一行“一路平安”的祝福语，小企鹅表演了10秒钟才消失。隧道内的

“随动广告”，不用灯箱，而是一段长近百米，宽近半米的超薄电子显示屏，列车出站半分钟后，车内乘客就可欣赏到动画片广告。

香港在湾仔至铜锣湾站的地铁隧道内也有这种广告，港人称之为“隧视”广告。其制作方式与前二者不同，广告灯箱体积 1.2 公尺乘 1 公尺，整个广告由 270 个灯箱组成。只要列车以时速 65 公里驶过，就可看到片长 20 秒的动画广告。

资料：美联社

东京地铁公司公关人员在地铁银座线车厢中，观望黑暗的隧道中出现 15 秒钟的饮料广告。

9—8　另类地铁广告——内容不符规定遭取缔

为确保社会环境整洁，世界各大都市对居住环境都十分重视。

何处不准张贴广告，都有明确规定，例如台北市为维护社区整洁，特派专人沿街清除违规小广告，按撕掉数量，付给酬劳。

下页上图系巴哈马观光局，在纽约地铁刊登的系列广告之一，乘客躺在座椅上，想象度假的感觉，然而这则广告刊出后没多久，就被大都会捷运局(MTA)腰斩,因该局规定,严禁乘客躺卧在地铁的椅子上。

资料:美联社

内容不符规定,而被撕下的短命广告。

9—9　另类地铁广告——反诉求

纽约地铁墙上贴着捷运局的广告,广告词写道:“你今天感觉不舒服吗?最好不要搭乘地铁!”

因为地铁误点十大原因,乘客生病排列第三。地铁的广告应鼓励乘客,多乘地铁才对,然而这则广告却有违常情,劝乘客少搭地铁,这种诉求可谓为另类了。

资料:《世界日报》

第十章 广告新科技

10—1 另类杂志广告——让你用“听”的

当你打开《众生相》杂志(*People*)的内页,你会惊讶地听到英国流行乐歌手贝丁菲尔德(Natasha Bedingfield)的最新单曲,这是 Verizon Wireless 公司提供的广告,利用固定在杂志内的小型音效卡与扬声器,宣传音乐下载服务。

为了凸显产品特色,广告商无不绞尽脑汁,把五花八门的产品样本塞进杂志,从炫目灯光、立体文宣、唇膏试用品、风味试吃片,到搭配西服的口袋手帕,可以说包罗万象,无所不有。

日新月异的科技,不仅降低了杂志内页夹放产品的成本,也启发广告商的广告创意。例如过敏体质的读者,也能接受改良款的撕开型香水条。

社会在变,消费者的品位也在变,广告业者如果不机灵应变,就等着吃自己。为了配合雷克萨斯汽车(Lexus)的广告传播,在 GQ 杂志中,随书附送口袋手帕。

另一方面,广告商也希望创意的广告文案能带来实质回应,这些广告经常利用折价券或其他优惠方案,吸引读者到店家消费,根据带动买气的多寡评估广告效果。因为只管创意而不在乎行销绩效的时代已不复存在。

自香水条在 1979 年发明后,广告商就想抢占这个与众不同的广告先机。由于化学的处理技术进步,例如现在的指甲油、唇膏等试用品都能贴附在纸上,香水也可以封条密封在小试用包内。这些做法除让消费者有机会使用相关产品外,也是一种备受注目出奇制胜的广告战术。

10—2 另类杂志广告——杂志影音广告

美国哥伦比亚广播公司(CBS)推出史上第一个杂志影音广告。读者只要翻开杂志就能看到听到最新电视节目时间表的预告,犹如打开音乐卡片听到音乐一样。

这个创举先在《娱乐周刊》刊登印刷品影音(Video in Print)广告,简称 VIP 广告。播出当地电视台即将上映节目的预告以及百事可乐饮料(Pepsi Max)的广告。

在此之前,影音预告从来没有和印刷品结合过,《娱乐周刊》是刊登这个划时代印刷品影音广告最理想的杂志,因为广告本身即具娱乐性,适合喜爱该杂志的读者。

广告主百事可乐行销部门认为:这是更新我们与消费者互动方式的特别方法。作为这个划时代和 CBS 联盟的一分子,我们正利用既令人惊奇、又迷人的科技。

10—3 另类广告花样——资讯雨

消费者在上班途中,也会遭到各种讯息的轰炸,上网也必须应付自动跳出的促销广告,甚至他们掌心也能出现广告讯息。

使你意想不到的是:将广告带入模拟气象的领域,这就是科学家突发奇想的成果,所谓"资讯雨"的新花样。

在高高的三脚架上,有一架投影机,它会投射出"雨滴"撞击地上并激起涟漪的形象,希望在商店现场大众能进入"雨区"并伸出他们的手掌。

另外一部摄影机将追踪商店购物的大众,并将资料送到相连的电脑,投影机将在大众手上,射出一个环形广告,上面可能有"大拍卖""买一送一"等广告促销字样。

"雨"是吸引消费者的绝佳媒介。因为开始下雨的时候,一般人会很自然地伸出手掌,测量雨量,是毛毛细雨还是倾盆大雨。另外也有人会在手掌上乱画,所以手掌是最接近人类的资讯工具。

犹如网络发展出独一无二的弹出式互动广告,这项新科技能以自己的风格,找到让手掌广告更能吸引人的方式。

10—4 另类广告捷径——条码广告

条码的应用愈来愈广，除了零售商品之外，连街道上的墙壁都有待售房屋的条码广告。消费者只要用手机“遥控”就可以看到详细资料如房间数、面积、周边环境等，均能一目了然。

这项新科技是广告业一大福音。凡是装有条码阅读软件的照相手机，扫描条码后即可连接到网络上的相关资讯，再以影音、图像或文字等形式显现在手机上。所以说手机便成为新式数码遥控器，是结合实体世界与数码世界的理想工具。

在日本麦当劳用餐的消费者，只要用手机扫描汉堡的包装纸条码，即可得到相关的营养资讯；杂志上的广告，也可以用手机浏览细节，例如预告电影放映片等，都可由条码获得讯息。

全日本航空公司(All Nippon)的旅客，还可以用手机购票，登机时直接将手机上的机票编码让条码阅读机扫描即可。

网络出版业因为可以方便连结到相关网站而快速蓬勃发展。利用手机扫描连结实体与虚拟世界，具有无限商机。

资料：《纽约时报》网站

东京市区一栋大楼外墙，张贴一幅带条码的广告，路人用手机扫描后，即可读取相关的资讯细节。这项新技术的用途日益广泛。

10—5　时尚精品行销新科技——行动条码

网络行销成为近年精品所趋，在日本因 3G 手机及移动上网普及，不少精品都推出 QR Code(Quick Response Code)，融入趣味与创意设计，成为拉近年轻人的利器。

QR Code 又称“行动条码”，只要将可照相的手机镜头对准这种条码，手机就会连结至特定网站，但手机必须附有此种功能。

精品龙头 LV 2009 年初由村上隆设计的行动条码，可爱的猫，为原本黑白条码增添色彩与趣味。

Marc by Marc Jacobs 也推出极具品牌特色的行动条码，同样融入可爱风格，由品牌知名角色 Miss Marc(马克小姐)担纲演出，特别运用手绘质感，更显别致。

资料：《世界日报》取材自 LV

2009 年 LV 推出的行动条码缤纷可爱。

资料：《世界日报》取材自 Marc by Marc Jacobs

以经典角色马克小姐为主角推出行动条码。

10—6　另类提高广告效果秘诀——藉助脑神经科学

消费者每天遭受无数广告的疲劳轰炸，对广告产生抗拒与反感，如何使消费者百依百顺、言听计从地接受广告的内容，提高广告效果，这是广告行销界最关注的课题。

行销公司开始研究，拟藉助神经科学来窥探消费者脑中隐密。北美放射学会的研究人员在扫描接收品牌影像的实验对象脑部后发现，强力宣传品牌会刺激脑内与喜悦和报偿最有关联的区域。此一发现令行销业者十分兴奋，但也不无质疑，脑神经科学是否能改变行销的面貌？

研究人类脑部运作的科学家，以往只能研究脑病患，或是在实验室内，实验人类注意、认知、记忆和学习等领域。但近年来，功能性磁振摄影这类新科技，能拍到脑部各区域运作的情况，神经科学的进步，如日中天飞跃发展。

因此，拜神经科学技术之赐，企业能很快使消费者“言听计从，百依百顺”，达到最高广告效果。因此，神经行销学研究对行销策略与运作产生巨大影响。英国广告代理商 Weapon 7 公司建议客户如何在广告里安插视觉影像，在脑部潜意识留下印象，使广告讯息在快速前进的过程中留存下来。有人认为，广告在对消费者的情绪产生潜意识作用时最为有效；另有人主张，消费者只有在全神贯注以及脑内与理智、情绪和运动神经有关的区域被启动时，才会记住品牌。

神经行销学研究之成果，带给行销策略之拟定莫大的助益，过去无法控制消费者必须接受广告，现在藉助脑神经科学，使不可能变为可能。

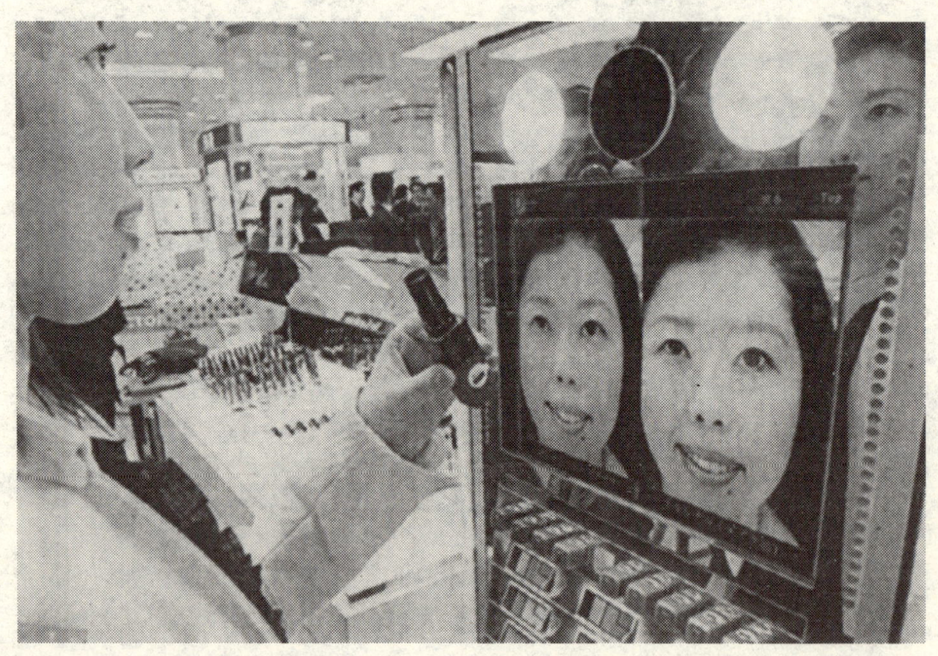

资料：美联社

行销公司开始藉助神经科学来了解如何加深广告在人脑中的印象，希望能使消费者言听计从。

10—7 另类电视收视调查——广告生态大突破

美国规模最大的媒体调查业者——尼尔森公司(Nielsen Media Research),推出新的调查系统,可以精确计算出美国三大电视网广告时段的收视人口,因而大幅改变电视广告的播映生态。

此一新系统的推出,是媒体调查业者因应近年来两项重大发展的产物。第一是数码录影机(DVR)的崛起。DVR 可以让观众跳过广告,只录下要看的节目,专看节目避看广告。第二是美国广告业对网络广告,越来越重视,因为只要计算点阅率,就很容易衡量出网络广告的效果。

10—8 另类商场广告——视讯看板公布顺手牵羊者照片

为了吓阻小偷在假日作案,美国联邦地区检察官杜诺万在纽约市史泰登岛商场,为五名定罪的商店小偷打广告。该商场公共空间广告看板栏高 65 英寸,在高清晰度电子屏幕上,每 6 分钟展示一次这些小偷的照片,到后来在 11 个电子屏幕上,将一共展示 200 万次。广告中说:“你想不想出名?在本商店顺手牵羊,你就可以在这里露脸。”这是“广告空间数码商场网”首次为“打击犯罪”所做的视讯广告。

10—9 另类线上广告平台——瞄准目标族群

做生意如果不做广告等于一栋没有门窗的房子,这句话形容广告对经营企业之重要。如果做广告无法锁定目标族群,等于“无的放矢,大海捞针”。所以瞄准广告目标才能百发百中,达到广告预期效果。

广告主对于在哪里刊播广告,对广告的效果如何越来越挑剔。甚至广告主只有在消费者对广告有回应时才付广告费。因此,凡是可计算广告效益的广告类型成长最快。现代广告主特别重视“绩效导向”的广告,因为这种广告很有效率。广告主可以看见所获的价值。

雅虎(Yahoo)加入谷歌(Google)线上广告经销体系后,积极强化线上广告机制,开发线上广告新平台 Apt。其主要目的在于使广告业主能更明确地锁定广告目标，不至于浪费广告投资。

精确瞄准广告目标族群，是提升广告效益的一大关键。一些平面广告业者，由于无法掌握广告目标，以致效益不彰，被迫把广告版面打折出售，如果能避免犀利打折，盈余必明显提升，更不必担心平面媒体产业的没落。

雅虎一直致力于提振搜索引擎创新，现在将焦点转向“展示广告”(display ads)。雅虎 Apt 新线上广告平台，除了应用在自己的线上广告系统外，将先提供给该公司企业总部的记事报、圣荷西信使报，未来将扩大到全美其他 782 家报社及网站业者。

10—10　另类广告新科技——3D的逼真效果

美国金神赌场推出旭日广场 3D 效果的电视广告。广告以旭日广场的标志“一树梅花”作为主题开始，以金神大赌场的标志结尾，除了前后呼应，更向华裔顾客承诺，金神不仅是首屈一指的娱乐圣地，汇聚博彩、美食、购物与娱乐于一身，而且极其重视亚裔宾客的独特文化。广告突出梅开报喜，福运齐来。而最后旁白：“金神，将你的娱乐体验带至全新境界。”

资料：《世界日报》

3D 效果的电视广告。

这个特殊效果的电视广告，让大家安坐家中即能一窥旭日广场无穷无尽的新玩意，这个广告可以从艺术角度来欣赏，为观众带来全新的视觉体验。

迎合近期的 3D 立体热潮，Luxury Tec 公司与 N4D 公司共同开发了利用 Auto-stereoscopic 3D 技术的 Mirror Image Digital Network 广告系统。这种神奇的镜子无须借助立体眼镜，就能显示出具有立体效果的影像，并能量化消费者的互动行为。

资料:美通社

3D广告网络系统,显示立体感的特殊效果。

10—11 另类广告看板——内藏玄机

运用最新科技,小型照相机可隐密地镶嵌在广告显示看板内,藉此追踪人们盯看广告的时间,甚至可通过特殊软件,辨别盯看者的性别与年龄,有助于广告主分析广告效益。

资料:美联社

美国一家大型购物中心的广告看板。

10—12 另类提升广告效果秘方——有线电视发送对象广告

美国有线电视系统(Cablevision Systems)宣布一项重大计划,向用户发送“对象广告”(targeted advertising),这对广告客户来说,可以把特定广告传达给特定消费族群的梦想进一步落实。

Cablevision这项新计划将从美国东部布朗士、新泽西州部分地区的50万户开始,根据他们的收入、种族、性别、家中是否有孩子、宠物等资料,利用定位技术把特定的广告传达给他们,这种技术无需用户家中安装任何硬件设施,所以观众可能不知道他们看到的广告跟邻居有何不同。比如说在同一个节目中,50岁左右的男士可能看到Best Buy的高效能喇叭广告,但有孩子的邻居却看到Best Buy电子游戏广告。

如果按收入、种族情况把用户分类,广告客户能向不同的群体发送不同的广告。例如通用汽车公司可以把凯迪拉克Escalade的广告发送给高收入客户,而把Chevrolet的广告发送给低收入客户。另以西班牙语广告向西语裔消费者推广。Cablevision使用Experian公司的数据,比对用户的资料加以分类。Experian是通过公共记录、登记册和其他来源收集个人资料。

10—13 另类广告新科技——广告投放原型技术

微软(Microsoft)广告中心实验室(ad. Center Lab),推出最新的“虚拟产品

资料:美联社

置入"广告投放原型技术。这项技术可以帮助广告商,在现有的视频影像或电影中,置入商品或广告影像。图为微软研究分析师正在演示将电脑的显示画面切换成可口可乐的广告。

10—14　另类数码接收系统——电视棒

电视棒(USB Dongle)是最新的移动式数码 HDTV 接收系统,在中国中央电视台(CCTV)地面数字电视信号覆盖范围内,只要在电脑上插上这款电视棒,就可收看高画质的数码电视。

资料:美通社

10—15　另类数码看板——看穿行人

NEC 电子研发的数码看板,可辨识经过看板行人的年龄、性别与人数,提供广告主较精确研判潜在顾客的资讯,以便广告客户了解何时何地该播放何种广告。所以说 NEC 研发的这种数码看板,极具广告传播价值。

NEC 生产的广告平面显示器常见于商店、机场与其他人潮拥挤的公共场所。此外,NEC 也提供广告内容播放管理软件,供便利商店业者与户外广告业者购买使用。

过路行人的性别不难认定，但年龄却不易辨别。NEC 对年龄辨识的方法是：将摄影机置入屏幕，可持续拍摄行人，并利用软件主动扫描每个人的脸部，辨认其大致年龄与性别，虽无法准确判断年纪，但已能将岁数判断差距缩小在 10 岁的范围内。

这套软件以数千张脸孔为资料库，能撷取脸部特征，包括耳朵形状、眼睛与头发颜色等，通过演算法决定年龄。随着经过摄影机的人数增加，资料库随之扩大，软件辨识能力也愈益精准。

第十一章　网络世界

11—1　喧宾夺主的网络媒体

除报纸、杂志、广播、电视四大媒体外，新兴媒体也在时代变迁及需求下，不断地被开发、运用，这些媒体的数量和功能，直追四大媒体，甚至超越四大媒体，来势汹涌，大有前途。

这些新兴另类媒体，首推网络媒体。1965 年麻省理工学院林肯实验室一些学者专家，成功地将一台在美国东岸的电脑，通过电话网络连接到美国西岸的一台电脑上，开启了网络时代的新纪元。

网络的始祖，肇始自美国加州大学教授克连洛克(Len Kleinrock)和他的团队，在克连洛克领导下，创造出互联网的雏形。

网络世界里有两条定律，第一条是富豪嫉妒超级富豪，第二条是嫉妒推动创新与创造财富。自 You Tube 公司以巨大金额卖给谷歌公司后，You Tube 创办

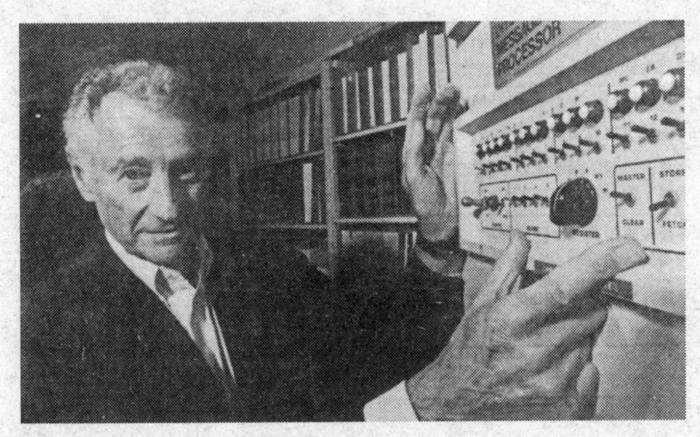

资料：《世界日报》取材自美联社

克连洛克教授指着一部当年用来开发网络的界面讯息处理机。

人一夕之间变成超级大富翁，令人既羡慕又嫉妒。嫉妒在其他地方可能是缺点，在基督教里更是七大罪过之一。不过在网络世界里，嫉妒却是推动硅谷前进的重大动力。科技成就固然让硅谷人欣羡，金钱报酬才代表终极的肯定。

网络为何有如此魅力，因为它开始取代传统媒体成为主要广告媒介，是各大企业投资网络广告的主要诱因。广告媒体之形成，在于消费者对该媒体高度钟爱，而且使广大群众趋之若鹜。

据2009年初，英国广播公司（BBC）报导，由全球市场资讯集团TNS发起，针对16个国家27 000名18至55岁网络用户调查，中国人平均每日上网花掉的时间最多。

就整体来看，25岁以下的受调查者，平均每天36％的休闲时间上网。美国和英国都低于平均水平，分别是30％和28％。而在中国，年轻人却把50％的空余时间都泡在网上。

网络媒体的发展，有几项关键因素：

① 网络使用人口的成长——近年来上网人口不断攀升，网络媒体的接触率，几乎超越了传统的印刷媒体，自然带动网络广告以及各种网络行销方式的成长。

② 各式网络行销公司快速兴起，提供客户多样化的行销方案。在这些网络行销公司的推波助澜之下，广告主开始尝试使用网络媒体，甚至有些客户获得成功的果实，而各广告主群起效仿，争相试用网络媒体。

③ 网络广告客户，能自行评估广告效益，计算广告费的有效度。甚至根据关键字搜索等收费，以点击次数收费，比传统媒体更能让客户掌握广告费的效益。

④ 网络媒体传播方式多样化，从初期的横幅广告，到关键字行销、部落格行销、影音广告、即时通讯、电子邮件的病毒行销、社群网站的关系行销、讨论区的口碑行销等，这些行销方式在网络世界每天出现，一方面吸引网络使用者拥抱网络，另一方面也吸引广告客户投资广告费在网络媒体上。

11—2 浴火重生的网络产业

很多迹象显示，个人电脑已发展成为取代旧式家电的新媒体，网络的普及，改变了人们休闲及取得资讯的方法，因为广告最喜欢人多的地方，在日常生活中，广告无所不在，大看板沿街耸立，公交车上、地铁里广告也随之而来，所以说消费者往哪里去，广告就往哪里去。

网络无疑是新兴媒体，而且注定是未来媒体的主流，能够善用网络者，必定手操胜券，无往不利。如美国总统奥巴马，在大选时与千万选民通过网络声息相闻，赢得胜利。

网络的查询功能及方便性是无远弗届，它是一种 e 时代社会沟通方式，让交流更广阔、信息更全面、沟通更便利、图像更清晰且成本更低廉。只要拥有一台电脑，弹指之间就可拥有来自世界各地的资讯。

美国家园新闻网，将广告讯息一起同步结合，发布在美国传统华文大型媒体以及网络上，不仅是专业而且是大众化的网站，使广告主的广告效果远播到广告目标的所在。让使用者轻易地搜索到您所需的广告资讯。

网络产业浴火重生，第一代网络未竟功业，一气呵成。如今，第二代网络，是一个坚如磐石的媒介，成为广播、电视、有线电视、电影、万维网以及电玩等不同媒体的栖身之处，提供前所未有的各种媒体形态。而且是品质更佳，实用性更高的媒介。

正如福布斯(Forbos)所预期的，现在是促成经济盛世的元素重新大汇集的时刻，网络的重生则是衔续过去网络未曾实现的使命。并以空前的威力冲击全球。

11—3 网络广告的魅力——网住广告主的心

多年来，广告业一直为大型广告代理商和电视或出版商所把持。但最近从几件大型并购案可看出，网络正逐渐改变广告业的生态。

过去 70 年来，广告业最大的改变，是彩色电视机的出现。而未来的广告代理商势必得同时是软件和娱乐公司的伙伴。网络广告成为广告业者主要经营业务，这是大势所趋。

一般认为，网络广告能以更有效率的方式找到特定的消费者，还能更精确地测出广告效果，所以吸引越来越多的广告主把广告预算挪到网络。

为分食网络这块大饼，传统广告商和硅谷科技业者绞尽脑汁，希望在数码广告的食物链上争得更强的位子。

网络广告最诱人的地方，在于其“精确度”。若向电视营运商买广告，通常就只能靠问卷调查，从少数人的反应来判断广告效果，广告主无从得知这些昂贵的电视广告是否真的带动买气。

此外，广告主在网络上还可依据科学理论，来决定广告要摆在哪个位置。有些业者专门追踪研究网络用户的浏览习惯，再把这些资料提供给广告主。

付费搜寻广告的模式，也深受广告主青睐，尤其不找广告代理商的那些小型企业。此种广告模式就是在网友键入关键字搜寻资料时，依据关键字出现相关的广告服务。这种广告形态占网络广告费的很大比例。

由于企业不断将广告预算从传统媒体移到网络，网络广告的成长速度大幅超越预期。

据瑞士第一波士顿投资公司(CSFB)预测，具互动式影音特色的网络广告成长最快，以致全球最大门户网站雅虎及最大搜索引擎Google将因此获利。而广播媒体与出版印刷媒体则受挫。

目前最流行的网络广告形式，仍将是与搜寻结果页面并列的赞助商广告以及图像式条幅广告。但静态展示形态的广告，将是成长最慢的网络广告模式，相对地，动态广告，即所谓的多媒体影音广告(rich media)将大幅成长。

11—4 另类媒体策略——唯网络是赖

法国戛纳国际广告展，每年举办一次，是广告界最大盛事。据该国际性组织研究显示：视听众(audience)集中注意力的时间越来越短，加上新广告媒体争夺消费者视听，愈来愈多的广告主考虑电视以外的媒体选择。因为现在科技发达，产品数码化、消费者接触媒体的习惯改变，必须混合运用各种媒体。

例如广告主大都采用网络、印刷物以及户外广告和所谓的病毒行销(virus marketing)——网络上的口耳相传。单独运用这些广告或者和电视广告结合，使广告影响力更加深远。

例如惠普(HP)通过一项名为“宣传”的网络活动，让艺术家们有机会使用该公司产品，衍生的最佳作品在伦敦一家艺廊展出。

汉堡王与福特汽车公司以创新方式使用网络获得佳评。它以网络娱乐吸引消费者。使用者以电子方式传布网站讯息，这就是所谓的“病毒行销”。

汉堡王设置两个幽默网站，传达该公司的电视广告与店内广告讯息。其中有一个网站以一只互动呆鸡为主角，网站造访者要这只鸡表演什么特技，它都胜任,它呼应汉堡王长久以来标榜的服务理念:“任君所愿”。

福特汽车公司发现网络广告能发挥宏大效果,福特为 Sport Ka 汽车所做的广告画面中,汽车引擎盖打开,拍下鸽子,另一个广告里,车子的天窗令猫儿断了头。这两个广告虽遭受维护动物人士非议,但在网络上广为流传。

传统印刷媒体与户外广告也展现新创意,雅虎网站最近赞助纽约车展期间,宣传其汽车网站,行人拨“800”到其网站登记后,就能在广告看板上以电子方式赛车。

因此,顾客将主宰与品牌互动方式,厂商必须兼采电视、电台、报纸、网络和无线媒体,并找出适当的运用这些媒体的比例,以发挥广告的互动效果。

雅虎推出全新的移动电话网络搜索服务——One Search,其特色是用户只需点选一次,即可直接获得所在地的重要讯息,无需多次点选查询。

由于网络速度愈来愈快,雅虎这套 One Search 移动电话搜索系统,在操作上比电脑更灵巧与精准,不会出现粗略的网站链接。

One Search 可提供的资讯包括:新闻头条、照片影像、商业目录、当地天气以及其他网站的链接。用户只需键入邮递区号或居住城市名称,One Search 就会传送当地搜索的结果。此外,也会链接到赞助厂商的广告,或跳出小横幅广告。展望未来,由于移动电话网络搜索便捷,移动电话愈益普及,将其纳入大众广告媒体,实不为过。

一般而言,每年 9 月号流行杂志内含丰富的秋冬时尚广告和流行讯息,因而杂志页数增多,但 2009 年秋季却一反常态,有些杂志变薄了。因为时尚品牌在经济不景气时削减广告预算,改采用广告费较低廉的网络广告。复据 WPP 集团旗下广告追踪公司 TNS Media Intelligence 的数据,精品业的网络广告支出显著提升,足见网络广告备受各界重视,仍有极大的发展空间。

11—5　美国网络业与报业结盟互蒙其利

搜索引擎巨人谷歌公司宣布:将为《纽约时报》等 50 家美国大报代卖广告版面。此一创举可望协助传统报纸开拓营收来源,显示擅长网络广告的谷歌有意跨入平面媒体广告市场。谷歌这一远大目标是建立单一的平台,广告主可选择在任何报纸媒体上做其商品广告。对近年来报业逐渐流失的广告营收,不无小补。

另一网络业巨擘——雅虎与 7 家报业集团(176 家报社)合作,提供线上广告服务并分享共同内容和技术。报业可望藉此打进线上广告市场,雅虎也因此找到另一机会突破困境,扩展商机。

合作的第一阶段中,将开始把求职求才分类广告刊登在雅虎分类广告网站 Hot Jobs 上,并开始使用 Hot Jobs 的技术在自己的网站刊登求职求才广告。

鉴于市场这几年来的剧变,如今报业非常信服网络。此一合作在业界引起相当大的反响。这项合作让雅虎获益匪浅,一方面可提升雅虎的市场定位,另一方面反击宿敌 Google 和 50 家大报合作卖广告的策略。

美国网络业抢进传统广告市场简介

谷歌(Google)	测试线上广告购买系统,为 50 多家报纸销售平面广告版面。 谷歌也计划让广播节目的广告主,通过谷歌线上市场购买时段;现已完成电台广告系统的开发。 而电视与邮件行销,是下一个合作目标。
雅虎(Yahoo)	与 176 家报社合作,提供线上广告服务并用共同广告内容。雅虎未来将扩展至非网络媒体。
电子湾(eBay)	为微软、沃尔玛百货(Wal-Mart)等大型广告主建立线上系统,用以购买传统媒体广告。该系统初期将销售有线电视的广告时段,日后将扩展至其他非网络媒体。

11—6 网络广告另类模式

对传统媒体广告而言,新兴的网络媒体广告,可以列入另类了,网络媒体虽然是后起之秀,而网络广告花样繁多,其荦荦大者,可列举以下各种模式:

① 门户网站——囊括新闻、生活、股票、娱乐等内容,是一个整合许多频道的平台,同时扮演了大众与分众的角色,加上这些门户网站可以从后端资料分析各频道的族群特性,安排广告主投放不同广告,达到更高的广告效益。

② 内文式广告——所谓内文式广告,是一种结合内文和多媒体互动的创新概念,这种模式受到很多著名品牌广告主的青睐。因为这种广告,将会取代搜索引擎广告,减少诈骗点击的争议,并可为广告主提供更有效的广告创意方案。

③ 线上影音——由于广告平台 You Tube 的出现,使得影音分享在全球各地蔚为壮观。许多广告业者搭着这股风潮,推出各种模式的影音广告,例如影片片头或片尾,浮水印式、片头相框式等,形形色色,不胜枚举。世界各国广告业

者，都要争食网络影音广告这块大饼，只是哪一种广告型态才能提高网友对影音广告的信赖，还在摸索阶段。

④ 部落格——口碑行销在各种主题的部落格达人经营下开始抬头，成为行销人员的网络行销新利器！

⑤ 网络关键字——在传统网络上横幅与巨幅广告成长开始趋缓下，雅虎和谷歌两大门户网站大力推展关键字广告，为网络广告创造另一个市场。

11—7 有效行销的网络——电玩植入广告

谷歌是网络搜索广告的天王，它不断利用财力扩张版图，插足报纸、广播、“智慧型”电话和电玩。

电玩的诸多优点，是播送相关、针对性广告的绝佳媒介。这项做法不但造福玩家，更惠及电玩商和广告主。

一般认为，电玩内植入广告，是非常有效的行销手法，因它能够针对确切的族群播送广告，也因为当玩家专注于游戏场景时会记得他们在电玩里所见到的事物。

例如枪战游戏的玩家，可能在虚拟自助餐厅里搜寻敌人时，发现一个敌人躲在标示饮料或糖果品牌的自动贩卖机后方。当玩家将游乐器或电脑连线进行游戏时，每隔一段时间广告就会更新。电玩制造商认为玩家最讨厌被广告打断游戏，所以玩家不被广告打断，非常重要。

11—8 颁奖典礼上的“植入式广告”

全世界都在关注奥斯卡奖，不过服装设计师们看重的倒不是谁是大赢家，他们考虑的是哪些明星最有说服力？促使观众购买那些他们在红地毯上穿着的那种服装。

一个经验是：推动服装销售的并非是单纯的时髦漂亮，带动销量的明星也不一定都是获得奥斯卡提名的演员。相比之下，因“成长教育”(*An Education*)获得最佳女演员提名的凯里·马利根(Carey Mulligan)得到了众多名设计师的青睐，他们争相租借给她在奥斯卡上穿着的首饰和礼服。因为这位女演员在穿着方面是个众所周知的高手。成为网站上最受关注的人物。有关明星植入式广告的效用并不存在什么科学根据，但红地毯已经成为时尚界主要的一条营销渠道。因为奥斯卡拥有超过 3 500 万的电视观众，它是个无法让人抗拒的广告平台。时尚界看重红地毯上明星的穿着，能促进服装销售是重视的主因。米勒(Sienna Miller)穿上小礼服裙后，各家服装店这种形式的服装，都销售一空。杰西卡·阿尔芭(Jessica Alba)穿着的打结厚底凉鞋，带给网站最多的点击量，植入式广告的力量，可以佐证了。

资料：多维娱乐派

People's Choice 颁奖仪式上亮相的杰西卡·阿尔芭。

11—9　另类网络广告——弹出式广告

AOL 提供弹出式广告，为客户提供了能以消费者喜爱的方式宣传自己的机会。据女性媒体及网络公司 ivillage 调查显示，92.5%的网页浏览者，认为弹出广告的确能提高品牌的知名度。

但全美连线(America Online)却推出控制弹出式广告(Pop-up ad.)的工具。

AOL 预定在短期内，自动在全美 3 300 万户的台式电脑中，安装阻挡弹出式广告的新功能，用户可自行从 AOL 网站下载网络弹出式广告控制器（Pop-Up Controls），这个工具令使用者消除网站上泛滥的弹出式广告或背显示（pop-under）广告，即离开某一网页后才跳出的广告，也适用于 AOL 服务范畴外的网页。

尽管一般电视观众对 pop-up 都想除之而后快，但这种方式的广告一直备受广告主的青睐，pop-up 广告兴起于网络快速发展的全盛时期。那时，传统的线上广告已经不能满足网络广告商的需求。因为网页上再也没有容纳广告的空间，pop-up 广告便应运而生。为了营利，广告客户可以随心所欲地安排广告的数量，由于利益的驱使，使他们增加更多的广告。

广告客户最先钟情 pop-up 广告，因为它相当经济，效果又好，据 Advertising.com研究报告显示：pop-up 广告的效果要比横幅（banner）广告效果大 13 倍。

11—10 另类广告新法——你打电话我旁听

位于美国圣荷西的"布丁科技"（Pudding Media），推出免费网络电话，不计通话时间，主要条件是注册的用户，要让这家公司旁听通话内容。另一条件是通话双方必须坐在电脑屏幕前面，藉着一套声音识别的软件，和通话内容相关的广告会出现在电脑屏幕上。如当通话双方谈到"电影"的主题时，屏幕会出现和电影预告有关的广告。

"布丁科技"的主旨在于只要看广告就可以免费打电话，"布丁科技"认为，很多人在打电话的时候，还一边做着其他的事情或发呆，不妨藉用这种模式做广告并刺激新话题。

类似这种看广告就可免费打电话的做法，像 Google 免费提供的电子信箱 Gmail，会检测用户的电子邮件内容以便寄送相关广告，如果用户点选了广告，广告主会付费给 Google。这些做法，虽能抓准广告目标，但涉及隐私，市场人士并不看好这种新点子，只有助行销广告业者激发广告手法的创意而已。

11—11 另类网络广告——瞄准网上照片

创业的灵感来自多种情况，例如网络广告投放企业 pixazza 的创立，就是源自在网络寻找一双迪奥（CD）鞋子而突发奇想，促成投放企业的诞生。这家新创公司主要业务是将网站上的照片转换成互动式的广告。

当鼠标滑过网页照片时，就会出现一个小小的价格标签，显示现实照片中鞋子、衣服等各种物品的价格。或者在照片顶部出现一个气球，显示现实网络上可以购买的相关商品的链接。此一构想就是 pixazza 的杰作。

这个构想的灵感，就是 pixazza 创始人的妻子，在网上花费了太多的时间去寻找“欲望城市(*Sex & City*)”女主角穿的鞋子，然后花了太多时间去找寻与此鞋类似但更便宜的鞋子。把用户感兴趣的商品直接带到用户面前，省去寻找的麻烦，才创设这个投放企业。

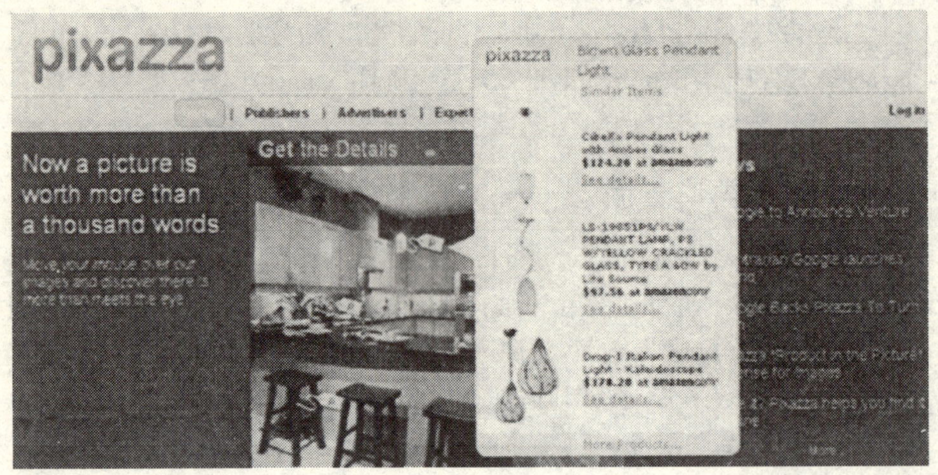

资料：美联社

一家新创网络广告业者 pixazza，可以将网站上显示的照片转换成互动式广告。图中显示的就是 pixazza 可以在照片边上显示出相似照片的销售信息。

11—12　另类网络广告营运——关联广告系统

当谷歌与雅虎两大网络巨人，竞逐网络广告大饼之际，一家小型广告商却凭藉透明的刊登方式与更多样化的选择，在网络内容关联广告(Contextual Advertising)中闯出一片天地。谷歌甚至罕见地将效法这家小公司的作法。

这家被称为奎果科技(Quigo Technologies)的以色列公司，目前市场占有率并不高，但前景看好，悄悄地从雅虎手中抢走 ESPN 运动网站的生意。

所谓网络关联广告，是根据网页出现的内容，置入与内容相关的广告。谷歌或雅虎提供的关联广告，都不让广告主得知自己的广告在各种网站上的刊登状况，也不让广告主选择在特定网站刊登。相较之下，奎果不但可以让广告主选择要在哪些特定网站刊登，甚至还能指定要在哪个页面上出现他的广告。

总之，网络巨擘谷歌效法微不足道的小公司的策略，诚属罕见。

资料：《新州周报》

幽默漫画博君一笑而已。

11—13 另类网站营运——多功能网站的开发

社会在变，人类生活在变，整个世界超越时空，瞬息万变。导致此一重大变革的就是互联网，为什么互联网之影响如此深远？一方面由于互联网络科技发展，另一方面由于网络族的急速增加。

而临导致人类生活重大变革的现代，开发一个多功能有系统的网站，必能出奇制胜引领无限商机。

美国有一家新天地网站设计公司，对网站开发、平面设计和 Flash 动画设计经由一流的专业设计师精心策划下，业绩斐然。其开发网站项目值得参考，兹罗列如下：

① 网站项目建设——网络、硬件、软件设计开发制作等。

② 网站内容制作——网站设计、内容制作、栏目规划、子系统开发等。

③ 网站辅助系统——对原有网站系统的功能改善，包括辅助系统的开发，访问统计系统、站内搜索系统等。

一个网站，如能对以上项目汰旧更新，将有助占领网络市场，带来无限网络回报。

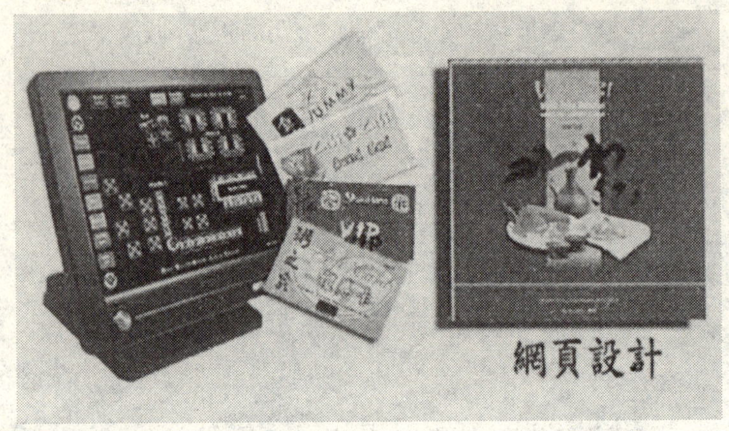

资料：《世界日报》

网页多功能的餐馆管理系统，是餐馆老板管理餐馆的利器。

11—14 另类量身打造广告诉求——目标式广告系统

据《今日美国报》载：一个著名的社交网站 Facebook，正致力于一项重大的新广告创作计划，这个计划主要为营销商为网站用户量身打造线上广告内容。

由于 Facebook 用户在该网站上留有大量个人资料，因此新开发的目标式广告希望更为贴近用户需求和喜好。Facebook 希望最终能够让新的线上广告系统，根据用户兴趣提供广告。假如你加入了一个摄影团体，你就会收到照相机广告，这将使数据库实现更高价值。

参加 Facebook 目标式广告系统的百事可乐表示："我们来到这里就是着眼于目标式营销的机会"，而成为 Facebook 的广告客户。

11—15 另类广告新招——根据消费者习惯量身打造广告

新的网络科技，可以记录网友在线上的所有行踪，藉此了解网络使用者的消费习惯，进而打造出量身定做的线上广告。这种技术备受美国广告与行销业者青睐。

这种称为"行为锁定"（behavioral targeting）的技术，是观察网友去过的网站，藉此了解目标对象可能有兴趣的产品并及时提供相关广告供网友消费时参考。在现今数码化时代，有关消费者姓名、地址与年龄等传统个人资料变得越来越不重要。

广告业界人士认为这对消费者是一大利多，提供这类服务的广告主，不会将搜集到的消费者行为资料链接至网络。使用者的姓名与地址等个人资料属于民众个人隐私。在这种理想的情况下，消费者只会接收高度个人化的广告讯息，并享受免费的线上娱乐或资讯。

11—16 另类广告创作工具——客制化量身定做

雅虎公司推出名为 Smart Ads 的显示广告产品，可使广告厂商依据上网者的年龄、性别、地点以及线上活动等特性，量身定制线上广告。

这项“客制化”广告工具，将使雅虎在所谓“行为锁定”广告市场中居于领先。Smart Ads 利用个别买者的行为特质以及商家实际价格等资讯，协助广告主随时建立“客制化”广告。

例如，旧金山地区的民众，如果在雅虎网站搜寻油电混合引擎车的相关资料，他们不止会看到丰田 Prius 汽车的广告，还能看到当地的汽车经销商的广告，包括各种 Prius 款式以及存货、价格等资讯。

网络一直希望能提供一对一的行销，但广告商经常难以量身定制诉求面较广的显示广告。现在雅虎可以提供大规模的一对一行销，雅虎现在提供行为锁定广告 Smart Ads 使广告显示较像直接回应的工具，而非只是秀出品牌。

Smart Ads 结合雅虎的人口统计学、地理学及行为瞄准等功能，并配置一个新式广告组装平台，使广告商能即时建立量身定制的广告。雅虎利用取自创意广告商的各种背景、标志及其他特色，再根据视听群的特性与兴趣，重新建构足以吸引他们的广告。

这些广告将出现在与雅虎有合作关系的出版商网站上面，然后扩及合作的报纸以及通讯广播(Comcast)和电子湾(eBay)等网站。

目前已是线上显示广告龙头的雅虎，希望进一步扩大领先优势。雅虎对手并未坐以待毙。像谷歌购并线上广告业者 Double Click 公司。

11—17 另类稳扎稳打广告方式——网站 pay-per-action 新招

网络广告兴起，对广告效果引发巨大变革。未来广告主甚至可以等消费者购买了物品之后，再付广告费。

传统广告运作，犹如轰炸大城市的原子弹，盲无目标，一半的广告费是浪费了。例如电视上的 30 秒广告，假设估计该时段该频道的收看人数为 100 万人，而每千人付费率(CPM)为 20 元，那么一次播映成本为 2 万元。

问题是很多人在广告时间起身去做别的事，还有人利用 Tivo 等装置跳过广告，而剩下的观众究竟有多少真正属于广告主的设定目标，也是个未知数。

区隔市场(segmentation)是过去广告业想出来的应付方式，但是那只是表面工夫。例如在挑选吸引 30 来岁、单身、富裕的观众节目打广告，这不过是把原子弹变为“轰炸小村庄的普通炸弹”而已，波及的范围还是远高于原定目标。

相反的，网络科技促成的广告刊播模式，是一大变革与创新。从不分青红皂白地轰炸，进步为“制作许多小标枪，然后要广告对象自己插进心脏”。这个构想在网络广告方面，有所谓“点击付费广告”(pay-per-click advertising)。现在所有重要的网络业者，从谷歌、雅虎到微软的 MSN，都发展出类似的技术。

发明点击付费的 Cross 现在又有新点子，被称为 pay-per-action，当消费者花了钱买东西，广告主才需要付广告费。假设某航空公司在它的网站登广告，公司不用为点击付费，只有当消费者订购机票才付广告费，这是完全避免任何浪费广告费的做法。

11—18 另类量身打造广告——定址广告系统

依族裔、所得、喜好等，量身打造广告，研发一种“定址广告”(addressable advertising)科技。尤其用于竞选文宣，可针对各种选民“量身打造”竞选文宣，向选民发出个人化的竞选广告。

多年来，公职候选人已知如何利用庞大的资料库(database)找出选民的偏好(例如爱喝何种饮料)，藉以决定向他们邮寄何种竞选传单，或是应派人登门造访。但是这种所谓“定址广告”科技，使他们把“量身打造”的竞选文宣，直接送进选民的有线电视机顶盒(cable box)。

简言之，从选民的族裔、收入状况、婚姻状态、喜爱的品牌等，来决定他们从有线电视频道看到公职候选人的竞选广告内容。这也是一种节省广告费增加广告效果的新模式。

全美最大的有线电视业者通讯广播公司(Comcast Corp)正做各种准备，意图打破现状。它计划提供全面的定址广告服务。

此种科技让广告商根据不同市场定位，锁定不同目标家庭，推出不同的广告内客，依观众的兴趣、地点以及个人状况，锁定其有线电视用户。把特定讯息送到正对其胃口的家庭。例如把宣示候选人全球暖化问题立场的信息，用有线电视送到重视环保人士的家庭中，把候选人对健康保险的主张送到没有健康保险者的家庭中。

11—19　另类网络广告手法——广告电玩

丰田汽车公司委托广告商为 Yaris 小车制作一套专属游戏，通过微软的"Xbox 游乐场"网络平台(Xbox Live Arcade)免费让玩家下载游戏。这是第一个通过 Xbox 下载平台发行的"广告电玩"。

随着游戏广告市场的拓展，愈来愈多的企业以推出自己的游戏来达成广告效果而不是只在虚拟世界的虚拟看板上放置广告。

资料:《世界日报》

丰田汽车公司推出图中这款以 Yaris 小车为主角的免费游戏，供微软 Xbox 的用户免费下载。随着愈来愈多广告预算投入游戏世界，许多企业纷纷推出免费或廉价游戏，让广告等于电玩，以吸引不受传统广告影响的年轻客户群。

在这款游戏里，玩家操控一台 Yaris 小汽车，在未来风格的隧道上奔驰，路上会遭遇各种障碍物与敌人，Yaris 上面的巨大触手会发射各式武器，边消灭敌人边前进。游戏世界日益成为广告主进攻的焦点。

一般而言，人们会用尽方法避开广告。因此我们想以非传统的另类方式，吸引人们真正与广告互动。

11—20 另类瓶装矿泉水广告——宝宝溜冰网络爆红

网络曾流传一分钟的短片，描述一群可爱的宝宝化身成为溜冰高手，不会走路先学溜冰，在公园内穿着溜冰鞋，随着悠扬的歌声，表演高难度动作，不过这群天真的宝宝并非天生异秉，而是广告商用电脑特技效果制造出来的。这段广告短片在 You Tube 播放后大受欢迎，仅仅一周的时间就有逾 400 万人次点阅。

为了强调“瓶装矿泉水”能令人恢复精力，返老还童，广告特别以婴儿做主角。短片以 1979 年美国流行的经典歌“Rapper's Delight”做背景音乐，96 名宝宝轮流出场溜冰，大显身手。虽然这些小宝宝还穿着尿布，但经特技加工后，溜冰宝宝能轻易飞跃铁丝网栏、鲤鱼翻身、溜冰跳远，成功飞跃数名躺在地上的宝宝，还能化身蜘蛛侠，飞身攀上铁丝网，难度之高，令人叹为观止，这几个溜冰宝宝成为网上超人气明星。

资料：取材自网络

网络流传广告短片中，宝宝表演各种高难度动作，毫不费力。

11—21 另类网络分类广告——微软视窗即时分类广告

微软公司(Microsoft)推出的代号 Frement 视窗即时分类广告,其形态类似美国 Craigslist.org 分类广告。这种分类广告园地,人人都可在它上面刊登各式广告,包括待售物品、求才广告、房屋租售及促销活动等。买主可搜寻特定的商品或活动,并直接与卖方或广告主联系。

微软的视窗即时分类广告力求差异化,以便与竞争者有所区别,例如广告主可指定分类广告的浏览对象,而浏览者也可指定接收特定的广告。这个特色可为线上交易创造个人互相信赖的交易圈。

至于网络分类广告的收费模式,网络业者各有做法,以谷歌而言,其分类广告的收费方式一再改良。目前的网络广告大多采用点阅次数计费。但谷歌新的收费方式则导引浏览者直接打电话给广告主,浏览者点一下广告上的电话图像即可打给卖方,买方不必付电话费,不论卖方人在何处,这种买卖方式,大多会成功,因为肯打电话的顾客,多半有买的打算,而不仅只是浏览而已。

拥有世界最大线上分类广告商盛名的,首推电子湾(eBay),电子湾为挑战 Craigslist.com 在美国分类广告市场的龙头地位,推出新的手机程序,鼓励客户随时随地利用其线上分类广告。

11—22 网络大国的购物模式——网络购物

中国将是最具潜力的网络购物市场,据最具权威的媒体研究公司 AC 尼尔森最新调查发现,63%的中国网络人口曾在网上购物,以目前中国网络人口成长的态势来看,跃升为网络大国指日可待。AC 尼尔森中国区高层人士表示,中国网络从 20 世纪 90 年代初期迄今,每年以 300%的速度成长,截至 2009 年 3 月,中国的网民已突破 3 亿人,占全国人口的 1/4,正以每月 900 万人的速度成长,而且多半为年轻族群,其潜力惊人,而未来五至十年,中国的网络人口将成为消费主力,他们的网络购物模式,将影响中国市场营销形态。

预见未来网络势头,必澎湃发展,网络媒体以崭新的态势,成为广告重要通道。

中国网络人口特色：

① 年轻、未婚，并受过良好教育。

② 超过半数的中国网络人口年龄，都不到 25 岁，其中 1/3 是学生。

③ 中国网络购物，56％是购买书籍、光碟、游戏软件等文化性商品。

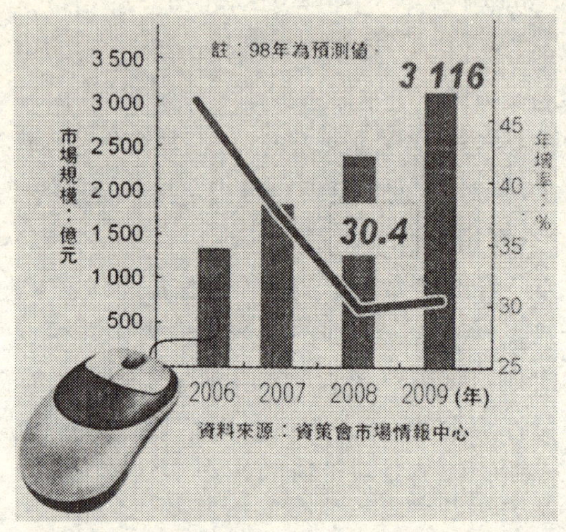

资料：资策会市场情报中心

据徐碧华以“线上购物吸金”为标题，分析台湾线上购物规模云：近年以来，台湾线上购物极为风行，据资策会市场情报中心预测，台湾线上购物年成长几乎都超过三成，其成长速度高于全球。

11—23 另类网络购物——互动式全广告频道

现在的消费者，就是足不出户也能购物。因为电视增加了购物频道，不仅如此，现在又推出互动式“全广告频道”。让消费者乖乖地花钱购物。

全广告频道的创意，出自一般的电视购物频道，全广告频道不但专门播放各式各样的广告，还以互动模式与消费者进一步接触。除了播放现有的商品广告，全广告频道还会播出令人怀念的经典广告。

全广告频道，由英国席普电视公司（Zip Television）策划，凡是加装英国卫星数码电视 Sky Digital 系列的收视户，就能收看定位成“虚拟频道”的全广告频道。

11—24 另类行销秘诀——说服性的网络设计

在网络时代,各行各业的网站就好比一个店面,代表的是企业形象,而网页设计就像一个无形的推销员传送各类讯息。如果网站设计不好,浏览者马上就跳离,如果能让网站访客对你的网站逗留忘返,久看不厌,激发其对网站所宣扬之产品需求,产生动机,促使访客有所行动。这种说服性的网站设计,有所谓六大要素:那就是计划、结构、动力、沟通、价值和评估。

戴尔(Dell)网站主管提供35个改善行动率的点子,简言之,它是从顾客的角度来回答,使其满足下列问题:

- 购买过程简单吗?
- 我可以找到想要的东西吗?
- 我可以找到有兴趣的东西吗?
- 我真的需要这个产品吗?
- 这个价钱够便宜吗?
- 我能相信这家公司吗?
- 结账方便快速吗?

行销或广告测试指标 AIDAS(Attention, Interest, Desire, Action, Satisfaction)也适用于网页设计。

① 首页是否能在8秒内引起访客注意力?

② 网页是否引起访客兴趣并加强其信心?

③ 网页是否能勾起欲望促使行动?

④ 是否清楚显示容易购买?

⑤ 点击购买后,是否下页出现预期资讯?

行销不能强迫,但可以让人在舒适中被引导,前百大网站其共同特征是:快速下载,图片很少,少用多媒体,没有框架,具有类似的浏览系统;高对比的文字配上洁白的背景;用传统蓝色链接其他网站,尽量少用图片,越简单越好。

网站要成功,必需顺应访客的心(empathy),成功的网站必须做到下列各点:

- 提供的产品或劳务要符合市场实际需求。
- 网站活动以参与为要务,但不可强迫访客参与。

- 要懂得如何诱导访客产生行动。
- 网页要在适当时机提供访客需要的讯息。
- 文案着重访客福祉，并让访客的感官陷入一种想要行动的情绪。
- 运用有效的关键字，使搜索引擎将网页排在较高顺位，让寻求解决问题方法的访客容易看到。
- 网站链接(hyperlinks)能使有效的问题关键字清晰醒目，让访客知道自己朝正确的方向走，并很快可以达到目标。

综上所论，凡有心经营好网站的人，只需用到以上几项建议，对提升网站效率必有助益。

网络商机无限，"靠网络在家创业致富"是人们的梦想。在网络时代的现在，每天利用空余的一小时的时间上网，从中获得相关的商业资讯，就可能使你美梦成真。

资料:《世界周刊》

线上商机无穷，"靠网络在家创业致富"大有人在。

11—25 社交网站全球正热

随着网络的兴起，各种网站纷纷创立，其中以社交网站最出风头。有人说：“社交网站是充满人群的沼泽。”在“有关系拉关系，无关系找关系”的号召下，把好友或可能成为好友者一网打尽。

最近有句俗语“网络大锅菜，全民齐掌厨”，只要申请一个免费账号，就可以在社交网站张贴照片、留言及聊天，甚至藉社交网站创业致富。美国总统奥巴马是利用社交网站竞选总统成功的政治人物。

资料：网络图片

要想藉社交网站广交益友，你不妨利用社交秘书为你分劳，那就是韩国SK电信公司推出的新型手机。这种新型手机，只要安装上最新软件，不但化身成为社交秘书，甚至具有社交网站大部分功能。包括来电者个人照片和他目前所在的位置。

资料:欧新社

具社交秘书功能的新型手机。

资料:奇摩网站

台湾的无名小站从相簿、部落格,进军社交网站。

11—26 另类线上时尚杂志——网站内容、广告均由使用者制作

Polyvore 是线上时尚杂志，其内容和广告皆由使用者自己制作，网友在网站上扮演时尚编辑的角色，用网络搜寻来的素材，拼贴出包含服装、配件和模特儿造型的图片。

读者在浏览这些称为“整体造型”的拼贴作品时，若点击某件服装或项链，就会链接到销售这些单品的网站。

Polyvore 为增加营收，除了争取时尚业者赞助网站内容或刊登广告外，也把技术授权给部分线上零售店，计划未来将线上消费者习惯资料库卖给零售商，作为铺货参考。

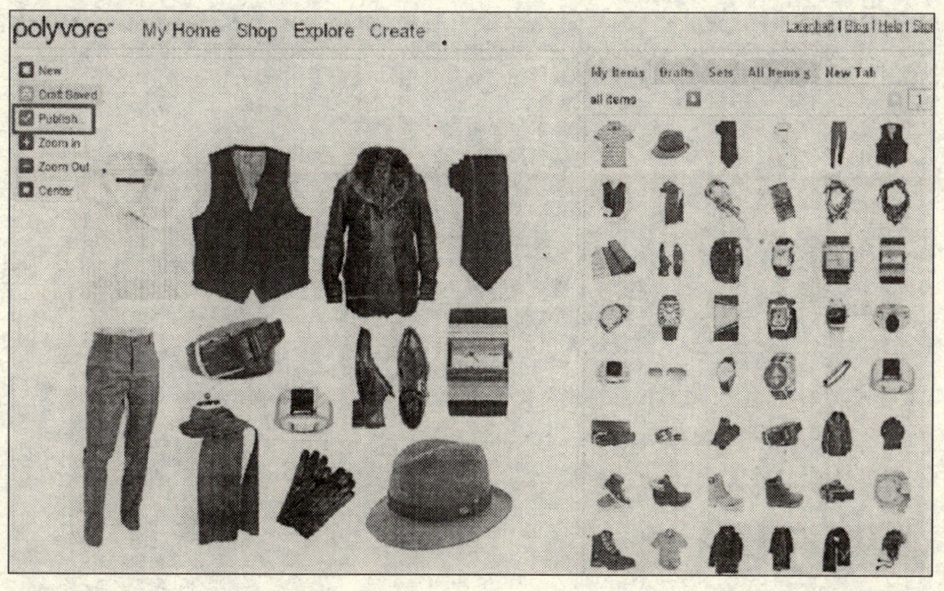

资料：网络照片

Polyvore 网站，让使用者自行利用图片拼贴出整体造型，扮演时尚编辑的角色，广受时尚迷的喜爱。

11—27 另类网络播报——You Tube 成立“新闻在你身边”专区

谷歌俨然成为新闻业不可小觑的力量。这位搜索引擎巨人不仅能搜集媒体的文章,还能卖广告给媒体。如今,谷歌旗下的 You Tube 也将如法炮制,其对象是地方电视台。

号称“全球最大新闻平台”的 You Tube,成立“新闻就在你身边”(News Near You)的专区,可以搜寻使用者的位置并提供相关影片,也能在网上同步播送当地新闻,帮助电视台及合作伙伴创造新的营收来源。

通过 You Tube 当地化的新闻影片,各地网友能看到不同于主流媒体的新闻,迄今已有多家新闻台和谷歌签约发布新闻并拆分广告收入。

第十二章　广告平台的手机

12—1　另类大众新媒体——手机将成传播广告的主流

行销与广告业人士看中手机广告的商机，更有人预言，手机广告不止能赶上网络广告，更有可能取代传统的广告渠道：电视、广播、报纸、杂志和广告看板。

据联合国 2009 年一项报告指出，全球手机普及率达 6 成，显示移动电话已成为民众首选的通讯工具。在贫穷国家尤其明显，发展中国家已成为推动手机市场成长的主力。目前发展中国家的手机用户约占全球总数的 2/3。

资料：时报周刊资料照片

The Telephone Hour 一剧中“电话通讯”一景。

密西根大学印度裔财经教授普拉哈拉指出，手机改变了整个社会的动力和人民的生活。“贫穷的原因之一是缺少资讯”，手机让穷人得到跟中产阶级一样多的资讯。

在都市里，以前油漆工、木匠、水电工要挨家挨户询问找工作做，现在满手都是工作，因为顾客打手机立刻就可以找到他们。

现在的手机愈来愈像随身电脑，消费者每天可能花上很多时间用手机打电话、上网、发短信。在经济困难时期，为了节省开支，美国各大企业逐步取消座机电话，以手机取而代之。因此，手机已变成可行的广告平台之一。

手机广告将引发下一波的网络淘金潮；因为移动广告公司、科技龙头和新秀，无不想尽方法，从手机广告中赚钱。因为移动电话业者另有优势，能深入了解顾客的所在地、购物习惯和用手机上网的行为，可以用来播放针对特定顾客所做的广告。

因为手机广告被认为是最机动，能接触更多消费者的广告媒体。事实上，全球约有 25 亿的手机使用人口，比起 10 亿左右的电脑使用者，手机有更高的普及率和机动性，即使在贫穷国家也是如此。

手机广告吸引人之处在于费用低广告效果大，因为这类广告非常个人化。

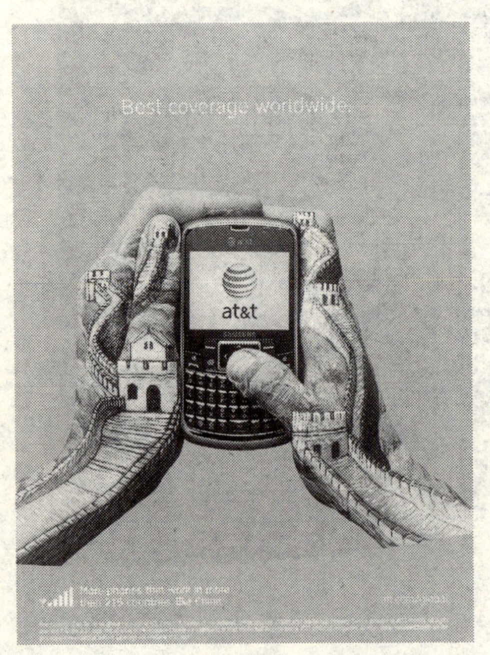

资料：SKY August 2009

这是美国 at&t 手机传播服务系列广告之一。本系列以万里长城环绕 at&t 手机为广告表现，足见其对中国之重视。又以“冠盖全球”(Best coverage worldwide)为大标题，寓意 at&t 手机传播服务广泛。

12—2　另类大众新媒体——手机广告大行其道

在过去报纸、杂志、广播、电视有所谓四大媒体之称，如今手机愈益普及，挤入四大之列，成为第五大广告媒体。

许多知名的汽车、金融、娱乐、消费品与行销业者，纷纷利用雅虎手机广告来拓展业务，吸引手机用户的目光。通过下列几个成功案例，您可以深入了解这些知名企业如何善用手机广告的最佳行销方式，取得广大的业务机会。

(1) 亚航网(Air Asia.com)手机广告——使手机用户能在亚航网上预订机票并查看订票情况以及各种优惠，亚航的这个广告活动，仅在28天内就有600万次手机查询。

(2) 耐克菲律宾分公司的手机广告活动——2008年8月曾举办“Nike Sportswear Collection”活动，耐克公司想通过他们的体坛明星，突出这项活动的广告重点。该品牌通过八位运动明星的故事，凸显其新的手机版杂志“Nike 8”的问世，激起手机用户的兴趣，引导手机用户上网浏览，结果获得意外的丰硕效果。

(3) 捷豹(Jaguar)：2009 XF发表会——在洛杉矶的汽车大展上，Jaguar发表了最新款XF汽车，该款汽车在外观上的重大突破与汽车的独特性能，吸引了许多顾客的目光，您可以通过本案例，了解Jaguar如何成功利用雅虎手机广告，推广他们的品牌并获得超过2 400个潜在商机。

(4) VISA——是2008年北京奥运的一家全球赞助商，该公司希望能藉由多种渠道，在奥运期间提高曝光率。其中一个渠道，就是奥运网站和手机网站，让VISA获得广大客户的青睐。

(5) 健力士啤酒(Guinness)——利用手机广告，推出互动式品牌行销活动。结果不仅获得手机用户的高度注意，还获得广大消费群极高的评价。消费者对品牌喜好程度以及购买意愿，均有精湛的数据表现。

(6) 雪铁龙(Citroen)——为了在2008年4月推出新款汽车Citroen c5，Citroen与OMD等手机广告团队通力合作，在Vodafone live门户网站一展丰姿，消费者给予该活动相当正面的评价。

12—3 另类大众新媒体——手机成为行销利器

美国主要移动通讯业者，对广告商开放自家的手机网络，希望小小的手机屏幕，变成与网络相匹敌的行销利器。

美国许多行销业者对于手机广告很有兴趣，因为这种方式比电视、网络或平面媒体，更能精确设定广告对象。因为移动电讯业者，可从账单记录，取得用户个人资讯，即时得知用户打电话的地点，甚至能追踪正在浏览哪个网站并同时传送广告。

移动通讯广告，已在世界各国广为流行。日本移动通讯行销业者，曾通过手机提供横幅广告。印度最大移动通讯业者 Bharti Airtel 已经拉到微软、佳能与福特汽车等知名企业的广告。

雅虎曾在手机上试播图片广告，把它的网站上企业品牌行销延伸到无线市场。不过手机屏幕的篇幅有限，所以广告必须更贴近消费者。在手机播送有图的横幅广告并非雅虎首创。波士顿“第三幕媒体”(Third Screen Media)这类新创公司，早已在手机播送横幅广告。

手机广告这一行销利器，潜力很大，由于现今消费者最普遍的随身物品就是手机，手机广告主很愿意付出比一般网页广告更高的价码。

资料：美联社

美国各大企业，正逐步用手机短信作为向消费者做广告的新途径。图为消费者在一家 Meijer 便利商店前，展示该店发送的汽油价格变化手机短信。

12—4 另类大众新媒体——谷歌抢先手机广告市场

据最新民调显示，经济衰退迫使更多美国家庭为节省开支，仅使用手机作为对外联络的唯一工具，其比率首度超过使用传统有线电话的家庭。

谷歌公司正积极争取无线电信商支持专为谷歌产品量身打造的移动电话，内建 Google 搜索引擎、电子邮件及新移动网络浏览器，以抢攻近年快速成长的手机广告市场。

谷歌已在这项移动电话计划投下巨资。这个搜索引擎巨人已研发出原型手机。谷歌希望多家制造商能根据谷歌设计的规格生产手机，已有多家电信商愿意以谷歌手机搭售通讯服务。

谷歌看中移动电话广告的雄厚潜力，欲与在线上建立的庞大广告事业相互辉映。谷歌甚至打算有朝一日能提供免费的移动电话服务，完全由广告营收支持。谷歌研发的 Gphone 手机，希望藉此将 Google 主宰网络广告的地位，延伸至成长快速的"移动广告"领域。

谷歌看好移动广告的成长潜力，希望说服无线业者与手机制造商，贩卖使用谷歌软件的手机来增进线上服务。

Gphone 的作业系统采用开放源码 Linux 软件，除了目前提供的移动搜索服务与地图软件，谷歌还进一步开发移动应用功能，例如支援手机的网络浏览器。

谷歌正在研发让使用者控制个人资料的技术。使用者在谷歌的搜索纪录、邮件等个人资料目前都存放在谷歌的服务器上。

谷歌在日本的实验，使手机平台上试播文字及影片广告已经获得成功。谷歌预期假以时日，手机上的广告营收应能与电脑平台匹敌。

12—5 另类大众新媒体——雅虎跟进手机广告市场

网络发展和创新速度不断加快，现在看到的只是冰山一角。网络的未来在移动电话，但忧虑网络上的窥探行为使隐私权不保。

1993 年由安德列森(Marc Andreessen)和宾纳(Eric Bina)发表第一个图形浏览器后，全球资讯网开始风起云涌，不仅重塑产业风貌、创造巨额财富，也使市井小民的生活形态产生巨变。

电信业者开始尝试除了传统的纯文字形式广告外，发送带有网页、影片、音乐或能下载游戏的多媒体手机广告。广告业者更看中手机广告的“相关”性：如果能有效运用电信业者提供的客户资料、研究使用者习惯，手机广告比传统媒体、甚至网络更能接触适当的消费族群。

不过，手机广告的增加可能触怒消费者，觉得他们的隐私权被侵犯。但广告业者倒是乐观认为，例如拥有先进功能的手机，内建卫星定位系统，可提供消费者更多资讯，手机的上网搜索功能让消费者得到和关键字有关的广告资讯。广告业者认为，消费者将感到受惠而非恼怒。

雅虎广告业务打进手机广告市场，目前已和世界知名企业广告客户签约，在移动电话上提供品牌广告服务，实施地区涵盖欧亚及美国。和雅虎签约的广告客户包括希尔顿 Embassy Suites 酒店、英菲尼迪汽车（Infiniti）、英特尔（Intel）、日产（Nissan）、百事可乐（Pepsi Cola）、宝洁太平洋（Procter & Gamble Pacific）及新加坡航空公司等。

因为现在的移动电话，均配备高解析度彩色屏幕与网络浏览器，雅虎断定移动广告市场必有爆炸性成长。

12—6 另类手机抢攻电脑市场——智能手机

手机改变人们生活模式与习惯这一点早已耳熟能详，而手机应用程序如雨后春笋发展问世。甚至一些年轻人认为没有手机无法生活，它就像水和食物一样，不可或缺。认为手机是生活的终极遥控器，所有接触、看到、感觉到的东西以及所有的外在通讯，都要通过手机这一渠道。

现在利用智能手机，可找到在附近餐厅用餐的朋友，也能找到价格实惠的加油站。或指点路径，不致迷路。也可当电子钱包使用，还可下载播放电视节目，或玩复杂的电玩游戏。

智能手机市场是生产手机的厂商占领手机市场必走的方向。因为智能手机和电脑的功能愈来愈相似，电脑业者忧心若不先抢进手机市场，手机业者就会跨足生产电脑，电脑公司开发的智能手机，着眼于更完善的上网功能，执行双向视讯会议以及传输高画质电影到电视等，这项手机的开发，强烈冲击手机业者。

电脑业者面临此一趋势，苹果电脑率先以 iPhone 敲醒了这个沉睡的市场，现在其他电脑制造商也相继推出各种不同尺寸、形状及功能的智能手机。

苹果公司 iPhone OS 3.0 是一种新版操作系统，增加了 100 种新功能，例如能让用户侦测到附近的 iPhone 或 iPad Touch 并与他们共享资讯。此外，还具备剪贴文件与照相功能和地图指引与音乐串流等功能。

iPhone 广告主要广告效益归纳如下：

(1) 广告费低廉——CKE 公司只用 12 000 元，就制作出能从苹果线上的 App Store 免费下载的应用程序，远低于以往的广告预算。利用 iPhone 打广告，能瞄准 18 到 34 岁的客户群，因为这个阶层的人，他们肯花时间在机械装置上。

(2) 用户成长快速——iPhone 上市以来，用户急速成长，外界普遍预期等苹果推出新款 iPhone 后，使用人数势必将大幅攀升。

汉堡王(Burger King)藉由 iPhone 拓展业务，最基本的方法就是制作影音广告，再由使用者下载到 iPhone，或借重高人气的 iPhone 软件，直接在里头置入促销活动。另外 iPhone 尚可在教育方面发挥它的潜力，那就是大学教科书可在 iPhone 上阅读。美国和加拿大的大学生以后可以将教科书直接装进口袋中，而不必背着沉重的书包去上课了。

大学线上教科书供应商 Course Smart 推出一项最新业务，可让学生自苹果的 iPhone 和 iPad Touch 上阅读 7 000 多本教科书。

Course Smart 的最新应用程序，可供用户免费使用，大学生可取得完整的电子教科书并可阅读数码笔记和搜寻特殊词汇。据数码书籍供应商表示，电子教科书的价格只有实体书籍零售价的一半左右。所以 iPhone、iPad 在教育应用上，极具无限发展潜力。

资料：美联社

由 iPhone 显示 Pixel Mags 数码化杂志。

Pixel Mags公司宣布推出一套新科技，让出版业者通过苹果 I Tunes App Store，发行数码化的报纸杂志、书本与型录，初期出版业者数码化的出版品，将先应用于 iPhone 与 iPad Touch，未来则进一步扩大应用于黑莓手机等其他硬件平台。

苹果公司更为改变网络市场游戏，以应用程序取代搜索引擎，成为上网主要工具。新系统支持广告平台 iAd，允许广告代理商直接在应用程序上登广告。

12—7　另类量身剪裁的广告——手机广告

手机业者威瑞森无线公司(Verizon Wireless)，不但是广告曝光率最高的品牌之一，也是有效的广告媒体。因为它的用户浏览内容时，有条幅广告提供浏览。

手机广告的广告费与其他媒体相比低廉，不过市场成长很快。因为广告主对手机广告的高度有兴趣有其理论根据。他们相信手机广告可产生与消费者特别亲密的连结。手机的普及性与个人性，加上广告诉求内容可依用户的人口学分类量身剪裁，这些都是手机广告市场不断成长的主因。

资料：欧新社

威瑞森无线(Verizon Wireless)成为广告有效的媒体。

手机广告的肇始者，是美国主要手机营运商史普林(Sprint)，率先在手机内容选单中加入广告。

资料：Verizon Wireless 宣传小册子
Verizon 手机面面观。

12—8　另类的巨大商机——手机短信

21 世纪最重要的广告媒体是手机，因为消费者总是将手机带在身边，这是随时随地接触消费者的最佳渠道。用手机传达短信广告，是价格低廉而颇具效益的媒体。

用手机传达广告只是行销市场的一部分，该市场还涉及其他诸如移动网络浏览、串流影像、铃声、电玩与音乐下载等，不胜枚举。

此外，要求消费者用手机短信参加比赛与抽奖活动，是最流行的促销作法。目前餐饮业者麦当劳与汉堡王、消费产品业者宝洁、汽车业者通用汽车与广播业者哥伦比亚广播公司等巨擘都采用了此法。

虽然手机短信广告首先在欧洲、亚洲兴起，但因其易于与消费者沟通而很快被美国各公司所运用。例如麦当劳他们的“赢世界杯鸡”活动就是在英国发起的，成千上万消费者在订购食品的时候，利用短信传回一个编码，看看能否中奖获得世界杯门票。

麦当劳开发一个新的系统，让客户通过短信预订餐饮，然后通过手机传送账单。短信将是一个巨大的商机。很多大企业大公司发现手机短信广告的方便和效率，纷纷把广告预算移向手机这一新媒体。尤其多家手机营运商之间的技术障碍被消除，麦当劳等大公司便成为手机短信广告的热衷客户。

资料：Verizon Wireless 宣传小册

Verizon 手机，具有发送短信的功能。

12—9 另类广告新媒体——影音漫画涉足手机

资料：《世界日报》

手机看漫画，从日、韩延烧到东南亚各国。各电信业者纷纷把传统漫画、卡通改编成移动版。

漫画的独特幽默表现，是广告领域里广受利用的主要原因。例如电视广告有所谓漫画 CM。即以动画的技法制作的 CM。与实际拍摄的电视广告相比，更有发挥自由创作的空间。

过去看漫画是一格一格书本上的漫画，现在用手机看漫画，把纸上的漫画载入手机视窗中，结合手机影音与可以震动的特性，不管刀光剑影或成人漫画，经影音加值后比原始书本上的漫画更身临其境，移动漫画因此成为传统漫画与动画间的“另一种形式”。所以手机看漫画迷人的地方在于你不必费力去租书，比原始看漫画更生动更有趣。

就是这种特性，让移动漫画在全球发烧，全球最大的媒体集团时代华纳，旗下的特纳卡通频道 Cartoon Network 选定台湾为全球首站，把红遍全球的卡通影集《飞天小女警》改编成移动漫画，搬上手机，牛刀小试。漫画迷们大饱眼福欣喜若狂。

由于手机看漫画的魅力，手机这一后起之秀，成为崭新的广告媒体，其传播力之大可以想见。

12—10　另类环保手机——回收塑料瓶变手机

摩托罗拉公司(Motorola)因应环保风潮，推出一种利用水瓶循环再生材料制造的手机。这种 MoTo W233 型再生手机，不仅塑料壳是用水瓶再生，而且是用百分之百可以循环使用的塑料制造的，也是世界第一种碳中和手机。

现在天然资源、能源和时间比以前更珍贵，相信这种装置对消费者和环境能造成正面影响。

资料：取材自网络

摩托罗拉公司推出的环保手机，外壳是用塑料水瓶循环再生的材料制成。

12—11　另类新媒体——手机报纸

我国广东省几大报业集团，在全国率先推出了“手机报纸”业务。凡广东省移动用户通过手机上网、彩信、短信等方式，就可浏览到新华社快讯、《南方日报》、《羊城晚报》等的精彩内容。

如果用手机登录“移动梦网”，就在网页中部看到“手机报纸”四个字。彩信版“手机报纸”是精华版的“手机报纸”，其内容主要包括当天的精华新闻。据悉，2009 年广东移动用户已达 5 000 万，所以手机报刊已成为一个崭新的广告媒体。

第十三章 争议广告

13—1 游走法律边缘的广告

争议性的广告是在万丈深渊上走钢索，稍有不慎，则后果难以设想。争议性的广告，游走于法律的边缘，是合法与违法的分水岭，是与非的中界点，真与假的试金石。也是广告设计者经常尝试的一种设计途径，因为它较易提升广告效果，这就是为什么将争议性广告纳入本书的主要原因。

其次争议性广告受重视的原因在于广告从业员肩负传播正确商业讯息，维护社会善良习俗文化的重任。凡有争议之广告，必有其争议原因，所以要审视广告惹人争议的症结所在，是夸大不实或是伤风败俗，有违社会道德标准。审视结果作为警惕依据及广告制作之指针，以免重蹈覆辙，招人诟病。

遭人诟病的广告大致可分以下三类：

① 污染性质的广告——这类广告无所不在，试图靠侵占人们的视觉空间博得人们的注意。

② 欺骗性质的广告——大家都收到过看起来似乎像是政府公文，拆开一看，原来是广告。报纸和电视也都有所谓的“资讯广告”，它被制作得好像客观的讯息，其实是广告。

③ 侵略性质的广告——这类广告采取霸王硬上弓的手段，不管消费者愿不愿意，都被强迫必须接受这些广告。这种广告同样存在于每种传播渠道，而且已经侵入了消费者的生活空间，例如传真机有传真广告，手机有短信广告，电脑更是广告的渠道。

争议性广告，五花八门花样繁多，荦荦大者可概分以下各类：

夸大不实方面；裸露煽情方面；侮蔑诽谤方面；残酷血腥方面；其他方面。

13—2 夸大不实方面

(1) 稻种广告不实坑农害农

广告不实，也会造成民冤，1 月到 3 月正是农忙季节，一个“神粳 990”的稻种广告在一家电视台热播。广告内容由两位著名演艺人员站在舞台上联袂演出，正是因为这个广告，让当地农民摒弃以前常用的稻种改用“神粳 990”，结果当地有 8 成的农家都用了这种稻种，家家都喊上当，甚至拿出受害村民的联合签名，纸上写着“广大农民痛诉这两位演艺人员见利忘义，为假种子做广告坑农害农”。但这项指控均遭当事人否认。

(2) 女装广告突发奇想耸人视听

四川眉山市路边一女装店贴出令人惊奇的广告词，引发市民议论。这些突发奇想的广告词，惹起当地工商部门的质疑，例如“处绝爱情”、“除了人不卖，统统处绝”！“老婆走了，生意亏了！”等耸人听闻的谬论。遭到工商部门认为广告不实责令纠正。但广告效果却意外丰硕。据店内员工表示，之前折价促销三天无人问津。店主认为广告词不吸引人是主因，最后贴出上述惊人之语后，店铺人气果真旺了起来。

资料：《华西都市报》

四川眉山市一家女装店面贴满不实广告标语。

(3) 奥巴马代言楼盘广告纯属虚构

2009年7月，在陕西西安兴庆路南段一号，正在建筑楼盘外围的墙上有四大幅广告，每幅广告牌长约十米高六米，其中第一幅广告牌的主角是奥巴马，另三幅分别是全球首富比尔·盖茨、诺贝尔得主李政通和股神巴菲特，在他们的巨幅照片左上角都写着每人的经历，图片右方印有“我们赖以成功的价值从未改变”中英文对照字样。这些影响世界的人物均成为此楼盘的代言人。

一些市民看到这些广告觉得太牛了。他们怀疑难道奥巴马等这些名人会住在这里吗？美国总统登上了中国楼盘广告，这样的做法是否有欺骗消费者之嫌，这个广告的表现是否合法？有待执法机构出面澄清。其实这种广告非但不实，纯属骗人的做法，如果这些被利用的当事人提起诉讼，须负法律责任。

资料：取材自《阳光报》

利用美国总统“代言”西安一楼盘的广告。

(4) 专治疑难杂症的理疗裤广告纯属欺骗

据《世界日报》(2009.3.20)报道，由某笑星代言的“玖玖理疗裤”广告声势浩大，动用明星老一辈艺术家、医学专家还有开封大相国寺的高僧等。

事实上，名僧、专家都是假的，“玖玖理疗裤”只是普通衬裤而已。但广告宣称：这条神奇的衬裤，对高血压、脑中风、偏瘫、心脏病、妇科病，不用打针吃药，更不用手术，只要患者穿上这条衬裤，就会90%以上有效。其实玖玖理疗裤并无医疗效果，能治疑难杂症的说法纯属欺骗。

资料：网络图片

(5) CALPIS广告误导　广告演员挨批

青春玉女长泽雅美拥有骄人身材，吸引不少男士支持。但她替乳酸饮料CALPIS拍的广告遭到质疑。长泽在广告中手抱婴儿流露母爱，而且更在广告片中表示“喂哺人奶后，其次就是CALPIS”。此一口号引来莫大回响，但牙医却指出小孩喝乳酸饮料容易蛀牙。

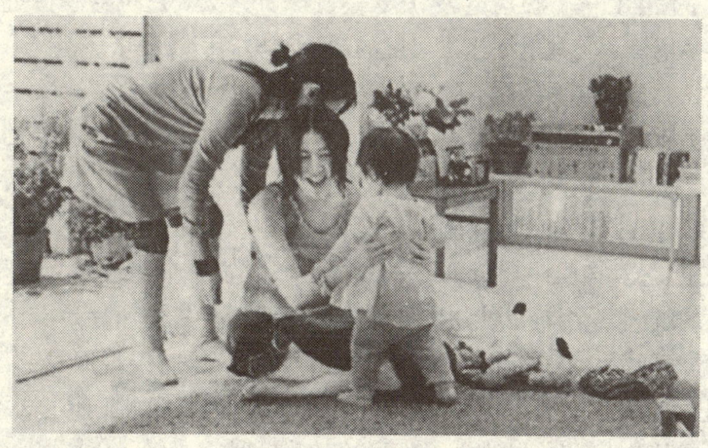

资料：《世界日报》

广告内容误导，广告演员挨批。

(6) 绿茶饮料广告不实自食恶果

美国除新泽西州外许多州，联合控告可口可乐、雀巢、饮料合伙全球公司，对这三家公司的广告宣称：绿茶产品可帮助减肥的不实广告撤回告诉达成和解。因为这三家饮料生产商在他们的广告里，以添加的甜味绿茶饮料 Enviga 有助减肥为诉求重点。其实并无这种效果，经和解后，这三家公司同意在 Enviga 饮料的包装上，加印该饮料“并无减肥效果”字样。消费者唯有通过节食及运动，才有助于减肥的目的。

这三家公司必须支付总额 65 万美元给参加和解的各州及哥伦比亚特区。

(7) 农夫山泉纯净水广告不实败诉

“农夫山泉有点甜”这句广告词在我国江南，家喻户晓尽人皆知，唯这句广告词，受到维权人士质疑，认为“农夫山泉”纯净水与其他品牌相比，口感几乎一样，并无广告词所说的甜味，于是将生产“农夫山泉”的公司告到扬州市法院，结果获得胜诉，这是夸大不实广告自食恶果另一个例子。

13—3 裸露煽情方面

(1) 吹牛老爹煽情广告遭轰

吹牛老爹(Puff Daddy)事业版图横跨嘻哈饶舌乐及流行服饰。新推出个人品牌香水“Unforgivable Woman”电视广告，拍得过于煽情引发议论。

拍摄手法类似一部短篇电影，片长达三分钟之久。这位男星在短片中与女模特儿有多场挑战美国电视播出尺度的激情演出而引发争议。连向来走年轻路线的 MTV、VH1 电视台都不敢播出完整版。MTV 电视台要求吹牛老爹将过于煽情镜头删除，重新拍成 30 秒与 60 秒的两种版本，以配合电视台的广告播出档期。

(2) 背心橱窗广告大胆裸露惹争议

美国服装公司(American Apparel)在下城设置一个性感的背心橱窗广告，展示女性的胸部，这个挑逗性的广告引人议论纷纷。广告图片是以一系列缓慢移动的幻灯片展示，背心有时合拢，有时敞开。服装公司经理辩驳说：这不是色情，而是艺术。尽管如此，美国服装公司的这个广告，可能触犯州刑法第 245 条，对于公开展示令人反感的“性”材料，可处一年徒刑。

资料:取材自 am NY 网站

American Apparel 的裸胸电子广告,虽然很艺术,但可能触犯州刑法。

(3) 卡尔文·克莱因服装广告看板色情挑逗引起共愤

这幅在曼哈坦下城卡尔文·克莱因(Calvin Klein)服装广告看板,充满色情挑逗,引起公众的关注和愤怒,认为广告内容伤风败俗,有伤大雅。因此创作广告应当出奇制胜,以与众不同另类的创意,发挥广告效果,才是正途。

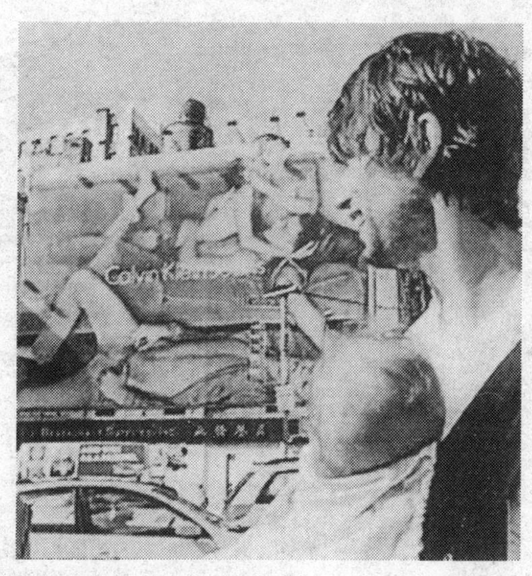

资料:纽约《每日新闻报》网站

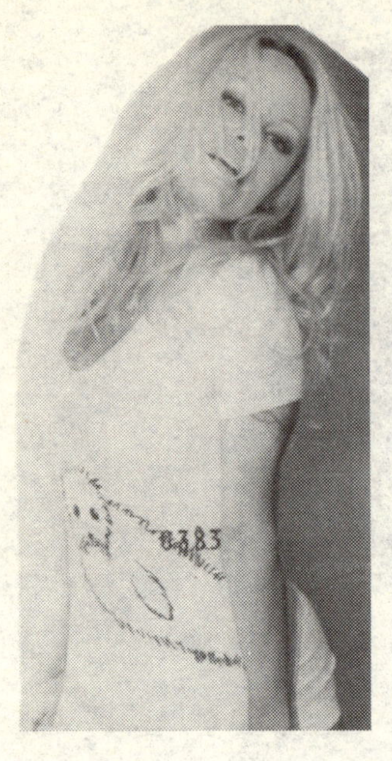

资料：法新社

帕米拉·安德森身穿新款T恤，为善待动物组织代言。

(4) 反皮草广告演员粗暴狂野遭禁

帕米拉·安德森(Pamela Anderson)向来对动物爱护有加，为善待动物组织PETA拍反皮草广告，广告中饰演机场海关人员，为登机乘客检查行李并禁止乘客携带动物皮革物品上机，帕米拉·安德森于广告中身穿超短热裤、制服仅扣上一个纽扣，当她看到戴着皮带的男乘客时，即蹲下来粗暴地将对方的皮带抽出，动作十分狂野。

该广告原定在三个机场播放，但最后仍被迫禁止播出。所以设计广告，如以淫荡、低俗作广告表现企图引人注意，非但达不到注目效果，甚至导致反效果。

(5) 网络广告过分煽情遭禁

这幅竖立在高速公路旁的网络广告，以全裸的女郎，不雅的姿态，配上"快！上我"的暗示广告词，过分煽情，惹起众愤。这种伤风败俗的广告，非但达不到广告效果，可能是反效果，最后遭到取缔，实为理所当然。

资料：《世界日报》

高速路旁裸女广告，过分煽情遭禁。

(6) 裸露美女看板易酿车祸遭议论

在美国新泽西州收费公路(New Jersey Turnpike)上，从纽瓦克向北行，在

“让大家来打扮你”的广告标语旁，有一体态诱人，全身裸露的美女看板，这个看板的确会让驾驶人目不转睛，多瞄几眼，甚至酿成车祸。令公路当局取缔与否造成困扰。

资料:《世界日报》

体态诱人的美女，全身裸露，十分撩人。

(7) 时报广场裸臀看板被控

纽约时报广场教会(Times Square Church)向曼哈顿法院提出诉讼，要求移走在教会侧面的裸露臀部的广告看板。

该教会的牧师说：“当你步入教堂时，一些裸体画像映入眼帘，试问你又怎能静下心来寻找上帝？这是我们最关心的事。”

这幅 Washlet 公司的马桶坐板广告，是在裸露的臀部画上一个笑脸，这种新型坐板利用温水和暖风替如厕后的人清洁。

据法庭文件透露，时报广场教会是一个跨派教会，据称拥有八千多教徒或教友，并设有托儿所和圣经学校，每周参加礼拜的儿童亦有一千多名。

该教会正控告大厦业主、承揽广告的广告公司以及拥有该广告看板的公司。唯被告律师辩护说：“时报广场是全球任何国家的广告看板都可揭示的场所，摆放着世界上最杰出的广告无何不妥。”我这样说“并非企图淡化教会对广告看板的厌恶情绪”，因为我不认为局部人体有何不雅。

13—4 侮辱诽谤方面

(1) 房子比男人可靠的广告惹男性抗议

福建一家房地产商促销房屋广告，以“美人计”作大标题，广告词写道：“月租大于月供，不论怎么算计，房子都比男人可靠！”这个广告引起一场广告与男性尊严的争论。

这个广告高竖在棉纺东路上，“美人计”三个大字十分诱人，从广告词来看，广告目标锁定女性消费群。

为了平息争议，随机抽样选了20位市民作为是非评断的依据，很多男性认为这个广告有损男性尊严，但女性受访者却大为赞同。在这个爱情如泡沫一般虚幻的年代，房子远比男人来得可靠和真实，道出了不少女性的心声。但男性的感受却大不同，“房子都比男人可靠”，太小看男性，惹起男性反抗的波澜。

资料：网络图片

惹起争议的房地产广告。

(2) 肯德基广告侮蔑粤菜馆遭取缔

广告允许互相竞争，有竞争才会有进步，但必须良性竞争，不可侮辱对方或侵害对方权益。美国快餐业肯德基的广告在中国引发争议事件层出不穷。例如肯德基新出品“咕咕鸡肉卷”的广告就因涉嫌侵害粤菜名誉，被工商部门叫停。

这个广告显示：肯德基店挤满吃“咕咕鸡肉卷”的客人，旁边一家粤菜馆却门可罗雀，空无一人，粤菜馆的厨师正在发愁，小徒弟一口广东话告诉师傅，“师傅，师傅，客人都去了肯德基”，后来这位厨师也忍不住跑到肯德基大快朵颐，只见粤菜馆的招牌“轰”的一声掉了下来！肯德基这个广告，不但侮辱粤菜馆，也有攻击整个中餐馆之嫌。

(3) 蓝带啤酒广告歧视女性遭控诉

意大利蓝带啤酒(Peroni)广告，拿女人停车技术开玩笑，惹恼意大利精明的女性团体，一致认为这个电视广告有歧视女性之嫌，向法院控告索赔。

这个啤酒广告的剧情是这样的：描述在一百年前的意大利，两名在路边畅饮蓝带啤酒的男子，笑看驾车女士手忙脚乱停马车，广告后半段将时空拉回到现代，两名男子还是在路边喝酒，同一名女士又在路边停车，停了半天，车的后半部还是跑到人行道上，这时旁白说道：“幸好，有些事情不会改变。”

虽然广告旨在赞扬蓝带啤酒品质始终如一，但意大利的女性一致认为，这个广告片不仅暗指女性一百年来学不会停车，路边还有两名男性在看笑话，实有嘲笑女性之嫌。其实女性驾车技术今非昔比，据意大利交通部统计，女性驾车肇事率比男性还低。

(4) 影射奥巴马为冰淇淋广告代言遭批

俄罗斯一家广告商使用类似美国总统奥巴马造型的人物，促销香草加巧克力冰淇淋。导致人权组织强烈批评，认为利用他国总统做广告代言是十分庸俗侵犯人权的勾当。图为写着“人人含在口中，白里有黑愉快无比”的广告，这句广告词就有种族歧视的含义。

资料：路透社

(5) 阿迪达斯鞋舌人像图案招致华人不满

国际知名体育用品商阿迪达斯(Adidas)推出黄色系列球鞋，鞋舌上画着小眼睛、朝天鼻、暴牙、梳着西瓜皮发型人像图案，并有“Fong”字样。此款球鞋出品后，招致全球华人的不满，并号召拒买阿迪达斯产品活动。咸认这种丑陋形象有侮辱全球华人之嫌，要求阿迪达斯公开道歉。

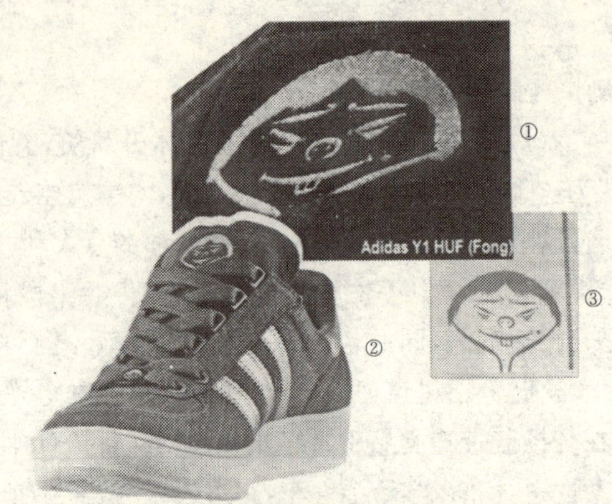

资料：artnet 与 WYFT 网站

①受争议的鞋舌图案。②阿迪达斯黄色系列球鞋。

③鞋舌图案设计者麦基出版的一本精装书封面。

(6) 炸鸡店用奥巴马作店名遭抨击

纽约市非裔社区开设的一家炸鸡店，因使用奥巴马(Obama)当店名遭到抨

资料：《每日新闻报》网站

击。社区内民众表示，对于把奥巴马和炸鸡店连在一起的种族主义做法非常不智。区内民众认为不要认为言论自由是毫无禁忌的，如果认为言论自由赋予任由个人以侮辱、贬低、丑化他人的权利，那不但不智，实属违法。

(7) 曼哈顿迷你储物间讽刺美国妇女惹争议

纽约一号频道网站报道，“曼哈顿迷你储物间”(Manhattan Mini Storage)在西边高速公路竖立一个不寻常的广告看板讽刺美国政府，引起争议。

这个另类广告看板写道：“你的衣橱空间缩水的速度与她选择的权利减少一样快。”广告背景有个衣架。

经过该看板的路人反应不一，有人表示广告词太过火，不够庄严，应该把它撤下。另一市民说：“我不认为妇女的选择权(right to choose)在缩水”，并说“这太棒了，看到一家私人公司对如此重要的议题公开立场，令人耳目一新”。

(8) 汉堡王广告涉辱墨西哥国遭抗议

汉堡王在英国、西班牙打广告，推出一款放有辛辣味蛋黄酱的起司汉堡包 Texican Whopper，广告里有一个矮胖的墨西哥人披着墨西哥国旗，旁边站着一个高大的美国牛仔。

这个广告遭到墨西哥上下一致抗议，认为该广告以不当方式展示墨西哥国旗，诋毁了墨西哥国家形象。按墨西哥法律规定：“不论用何种广告表现方式，均不可有损国旗的形象。”

唯汉堡王辩称：该广告只是为了显示这款汉堡包兼有美国西南部和墨西哥两地的风味，绝无取笑墨西哥文化的意思。但表示将主动更换广告内容。

资料：路透社

马德里一家汉堡王店张贴的有辱墨西哥的汉堡广告。

13—5 残酷血腥方面

(1) 索尼电玩广告血腥画面惨不忍睹

广告要创新,广告重创意,这是从事广告实务者人人皆知的定律。然创新要另辟蹊径,要除旧革新,要与众不同。但也要合情合理,言之有物,更不能伤风败俗,激发众怒,造成广告反效果。

索尼公司以断头羊促销电玩游戏:"战神 2"(God of War Ⅱ),血腥画面,惨不忍睹。这是备受争议的最新例子,类似案例不胜枚举。

索尼公司以一只山羊惨遭砍头血淋淋场面入镜,庆祝"战神 2"上市。此举普受各界谴责,指其不仅对动物残忍,更暴露出电玩业道德的缺失。

更有批评者严词谴责索尼公司此一"嗜血"行为是"怪诞祭牲"、凸显电玩游戏充斥暴力以及电玩业挖空心思利用游戏戕害青少年心灵的社会惨相,将暴力用作广告诉求和荒诞的表现。

(2) 通俗科学杂志促销广告虐待动物引发挞伐

美国《通俗科学》(Popular Science)杂志,曾推出一系列画面吓人的促销广告,引发阅读者的挞伐。这一系列以"有一种学习方式比这个简单"为主题的广告之一是一个像猫的小动物,身体被冻成冰块。剧情是这样的:一个男人想用瓦斯喷火器帮这只猫解冻。动物保护团体对这个虐待动物的广告颇有微词。

(3) 美式足球赛电视广告残酷冷漠令人不快

美式足球赛超级杯是电视广告的超级黄金档,每 30 秒要价 260 万美元。2007 年足球赛当晚播出的超级广告虽没有明说,好几只广告的背后似乎都有战事的阴影。乍看之下,好像很幽默,却带着一丝残酷与冷漠。

例如在一个啤酒广告里,几人玩"剪刀石头布"游戏,一个出石头的人真的用石头击到对方额头。另一个啤酒广告里,用互掌耳光来表达热情;在另一个快递邮件邮包的广告中,在月球上的太空人被陨石击中。在糖果的广告里,两名同事以扯下对方胸毛为能事,展示自己的肌肉的力量。当日晚上唯一发人深思的广告是"通用汽车"的广告,一名工厂机械人担心自己工作不力,难以控制产品品质而心生恐惧。

其他那几个广告都呈现暴力的镜头,残酷冷漠,令人不快。

(4) 意大利时装广告残酷暴力

虐待动物的广告表现时或有闻,但虐待人类的广告却少之又少,可以纳入另类了。

意大利时装品牌 Dolce & Gabbana 为春夏成衣系列推出耸动性的广告,明显影射性侵犯情节,有歧视女性之嫌。这个在女性杂志与报纸上刊登的广告,呈现了多名男性围绕一位被压在地上、面无表情的女性,有物化女性之嫌,女性在这个广告中的形象是"无力反抗、被男性意志压迫",充斥虐待与暴力。

(5) 呼吁减速驾驶广告搅拌人体情景残酷

新西兰公共服务协会也曾推出一个令观众感到不适的广告。在这个呼吁驾驶人行车勿超速的广告中,有个食物搅拌机,里头摆满了类似人类心脏与大脑的物体。搅拌机操作旋钮下方的一行字:"开得越快,结果越烂。"以人类肉体作搅拌对象,残酷情景,令人不寒而栗。

(6) 全日空(ANA)广告活鸡喂虎画面残忍

日本型男速水茂虎道,由于外貌出众,本可大红大紫,演出机会接踵而来。不过血气方刚的速水星运不佳,他代言的全日空广告无辜被禁。据悉速水早前走访中国桂林拍摄老虎养殖场及欣赏灰熊表演之宣传片在日本播放后遭受猛烈抨击,指责宣传片其中某片段描述游客可随便购买活鸡喂虎,实在残忍。再者又发现桂林有些店铺出售老虎肉,因而惹来全球爱护动物组织关注,ANA 接获连番投诉后有关广告不得不停播,而这位日本明星速水,也难免成"受害者"。

13—6 其他方面

(1) 另类电视广告犹如雾里看花莫名其妙

有一个电视广告,使看过的人一头雾水,莫名其妙。这个广告只见两个外国男女,形影不离,徘徊"高级"消费场所,时而豪华别墅,时而蓝天碧海,画面中有跑车游艇穿插,这两个外籍男女演员用法语对话,荧屏下方虽有英文字幕,但字体细小,很难了解这个广告诉求什么。

短短十几秒的广告,只见荧屏右下角出现两个中文小字,其中一个是"溱",这个字的粤音同"津"。

这种刻意豪华、故弄玄虚、卖弄外国风情的广告,必是豪宅广告无疑。早年民智未开,有些广告强调崇洋,找个外国人入镜,配几句"你精我都精,饮杯竹叶青”之类的话，便能成功塑造产品的“国际”形象。后来读书人越来越多，这类广告已不足充撑场面，于是便改用真洋人讲外文，为产品制造高档形象。

时至今日，英文已唬不到人了，只好出动法文。总之，越听不明白的洋文越高级，反正这个广告的目的，就是让你雾里看花越糊涂越好。

资料：取材自英国《每日邮报》网站

时装海报广告照片中，模特儿“头部比骨盆还大”

小图是她原本的身材。

(2) 时装海报修过头　女模腰比头小

著名时装品牌拉尔夫·劳伦(Ralph Lauren)一幅时装广告海报中，以电脑软件把模特儿改成纤腰似乎比头还小的超瘦女模，遭外界抨击，该公司为此向大众道歉。

据英国《每日邮报》报道，Ralph Lauren为推销其蓝牌牛仔裤，请23岁的法籍模特儿斐莉帕·汉米顿拍广告，她的三围是33英寸、24英寸和35英寸，不过有网站和网志刊载汉米顿为Ralph Lauren拍摄的广告照片却看见她的身材不成比例，她的腰仿佛只有18英寸。

Ralph Lauren最初坚不认错，反指网站侵犯版权，后来该公司发言人坦承是用软件修改照片，以致汉米顿在照片中身材扭曲，除向外界道歉外，保证日后避免类似事件再发生。

(3) 西班牙快递公司广告有嘲弄亚裔之嫌惹众怒

西班牙奥运篮球代表队为一家西班牙快递公司拍摄的全页广告中，全员穿代表队制服，站在画有中国龙的篮球场中，用手往后拉扯眼角装出丹凤眼。

装丹凤眼的动作，有嘲弄亚裔之嫌，这不仅不顾中国人的感受，也不顾及全亚洲人的感情，引起全球亚裔愤怒是理所当然的。

(4) 耐克广告有违地主国风俗文化遭抵制

有一个耐克(Nike)电视广告，描述了NBA明星勒布朗·詹姆斯击败了中国功夫高手，其背后并以中国龙作场景。这种广告表现明显蔑视中国，被政府下令禁止播出。因为它未能尊重中国文化，耐克公司更为此道歉。

耐克公司从善如流，其后改变其广告表现，以年轻人作主角，活泼开朗，将体育融入日常生活之中，藉此扭转其企业形象。

（5）微软公司广告换“头”造假遭批

据有线电视新闻网报道，软件巨擘微软公司公开向社会大众道歉，由于错误判断，导致网上广告当中一位黑人模特儿的头部被换成白人模特儿。尽管这张处理过的图片已被马上移除并换回原图，但在网上，议论纷纷成为笑柄。

此一广告换头“造假”的意图如何，众说纷纭，莫衷一是，有人认为其意图要使这则广告更加族群融洽，因为修改之后，它就有了一名亚裔男士、一名女士、一个黑人的身子搭上白人的脸。

上图

下图

资料：资料图片

在微软公司波兰网站上，在线广告中的黑人男子（上图），被换成了白人（下图）。

（6）港星泰国踢脚遭批

香港一位明星在泰国《燕尾服》新片海报中，摆出脚底向人踢脚姿势而遭禁止。泰国是佛教国家，当地电检人员认为用脚底向人踢脚非常不礼貌。电影公司从善如流，入乡随俗，决定更改海报设计。从事广告设计，先要了解广告诉求对象的风俗习惯，否则易招致反感，非但得不到广告效果，反而惹起众怒，产生反效果。

(7) 美食广告由于开打画面过激遭非议

某国际组织邀请因《卧虎藏龙》声名大噪的女星拍摄美食广告。以她的武打身手作为广告表现主轴，由于开打场面过激，遭到观众非议，投诉纷至沓来，咸认为广告画面过分暴力，对儿童具负面影响，有损游客对香港“美食天堂”之声望。

美食广告，非但诉求美味、可口等内容，更应以悠闲、娱乐、祥和为背景和气氛的体裁才对，而香港这家美食广告却背道而驰，遭到批评，并不意外。

(8) 广告表现易生错觉惹争议

法国反烟组织为“非吸烟者权益”曾推出一幅平面广告，画面上是三个青少年嘴叼香烟，跪在一个成年男子面前。该组织的广告原意是想藉此告诉青少年，吸烟并非代表自由，而是“臣服和依赖”。但因画面刻意令人联想到口交，引发广泛争议。

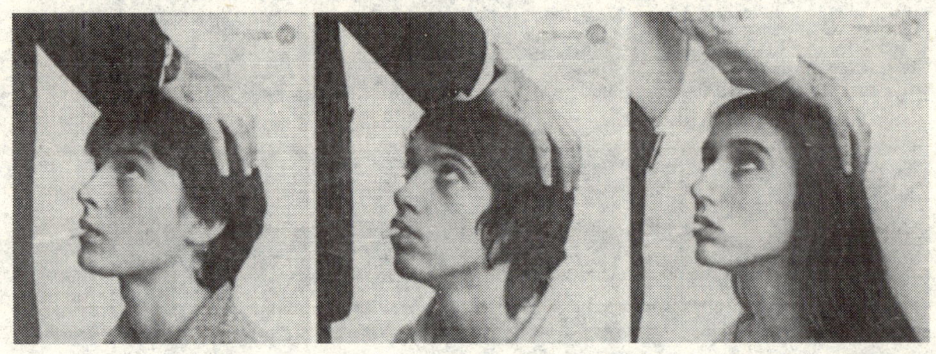

资料：法新社

易生错觉的广告惹争议。

(9) 时尚领袖奥巴马广告看板惹争议

以擅长广告噱头著称的纽约 Weatherproof 服饰公司，在时报广场架设广告看板，显示奥巴马总统穿着带有该公司标志的外衣，攀登长城的影像，并在看板上搭配“时尚领袖”字样，引起白宫关注。因为白宫向来不同意把美国总统的名字和长相用于商业用途。

唯 Weatherproof 曾按照规定，向美联社付款取得使用这张照片的权利，但必须获得必要的许可。但是该公司并未向白宫寻求许可，因为认定没有这种必要，理由是广告上并未显示奥巴马支持这个产品。但白宫官员认为这个广告是在暗示总统或白宫准许或支持这个广告看板，要求广告看板竖立的公司尽早撤除。

Weatherproof公司对白宫的反应毫不在乎，反而宣称白宫应该感谢该公司的作为，让奥巴马显得那么英俊气派。Weatherproof公司认为：以奥巴马作广告诉求绝对是一项正确的决定。因为奥巴马一家人比近年来任何一位白宫主人更时髦，他们真可称得上是时尚先驱者。

白宫虽对Weatherproof公司之作为不满，但不便采取诉讼手段，因为诉讼反而会扩大广告效果，最后该广告看板仍以撤除落幕。

资料：世界日报取材自美联社

奥巴马登广告看板惹争议。

图书在版编目(CIP)数据

另类广告学/樊志育著. —上海:上海人民出版社,2011

ISBN 978-7-208-09873-2

Ⅰ. ①另… Ⅱ. ①樊… Ⅲ. ①广告学 Ⅳ. ①F713.80

中国版本图书馆 CIP 数据核字(2011)第 038260 号

责任编辑 周 峥 罗俊华

封面装帧 陈 楠

另类广告学

樊志育 著

世纪出版集团

上海人民出版社出版

(200001 上海福建中路 193 号 www.ewen.cc)

世纪出版集团发行中心发行 常熟新骅印刷厂印刷

开本 720×1000 1/16 印张 19.5 插页 2 字数 314,000

2011 年 5 月第 1 版 2011 年 5 月第 1 次印刷

ISBN 978-7-208-09873-2/F·2026

定价 38.00 元